# Cómo Controlar la Ansiedad y los Ataques de Pánico

Ronna Browning

## Advertencia:

Este libro se ha desarrollado para fines informativos solamente. No es un substituto de un diagnóstico profesional ni del tratamiento de cualquier condición de salud. Si usted cree que está en peligro o está desarrollando síntomas que necesiten atención inmediata, consulte a su médico o llame al servicio de emergencia médica de su localidad.

# TABLA DE CONTENIDOS

**INTRODUCCIÓN** ...............................................................................5
LA CRUEL Y TERRIBLE ANSIEDAD .............................................7
¿QUÉ ENCONTRARÁS EN ESTE LIBRO? ....................................9
VARIAS COSAS QUE DEBES SABER ANTES DE COMENZAR .........11
**PARTE 1. EL MÉTODO** ................................................................12
COMPRENDER LA ANSIEDAD .....................................................12
PASO 1. NO TE RESISTAS A LA ANSIEDAD ..............................14
QUÉ PASARÍA SI... ..........................................................................15
PASO 2. ACEPTA LA ANSIEDAD .................................................18
BIENVENIDA, ANSIEDAD .............................................................20
ENTENDER QUÉ ES ACEPTAR .....................................................24
OBSERVA TU ANSIEDAD ..............................................................25
PASO 3. EMOCIÓNATE CON TU ANSIEDAD .............................26
PASO 4. OCÚPATE ..........................................................................30
CONCLUSIONES SOBRE LOS CUATRO PASOS ........................32
RECOMENDACIONES SOBRE LOS CUATRO PASOS ...............33
LAS CLAVES DE LOS CUATRO PASOS ......................................33
**PARTE 2. LOS "SÍNTOMAS" DE LA ANSIEDAD Y CÓMO ENFRENTARLOS** ........................................................................36
TÉCNICAS PARA HACER FRENTE A LOS "SÍNTOMAS" DE LA ANSIEDAD ................................................................................36
PRIMERO: "SÍNTOMAS" FÍSICOS .................................................38
1. ATAQUES DE PÁNICO ...............................................................38
QUÉ HACER ANTE UN ATAQUE DE PÁNICO ...........................40
PÍDELE MÁS AL PÁNICO ..............................................................40
2. SENSACIONES EN EL CORAZÓN ............................................43
PALPITACIONES .............................................................................43
VUELCOS O EXTRASÍSTOLES .....................................................44
QUÉ HACER ANTE LAS PALPITACIONES Y EXTRASÍSTOLES ....44

3. RESPIRACIÓN ANSIOSA – AHOGOS – OPRESIÓN ........................46
QUÉ HACER ANTE LA OPRESIÓN .......................................................46
QUÉ HACER ANTE LA SENSACIÓN DE AHOGO E
    HIPERVENTILACIÓN..............................................................................47
4. DESMAYOS – MAREOS - VÉRTIGO................................................50
QUÉ HACER ANTE EL TEMOR A DESMAYAR..................................51
5. NÁUSEAS .................................................................................................53
QUÉ HACER ANTE EL MIEDO A VOMITAR ......................................53
OTRAS SENSACIONES Y SÍNTOMAS....................................................54
TENSIÓN MUSCULAR - TEMBLORES ..................................................55
SUDORACIÓN .............................................................................................55
MUCHAS GANAS DE IR AL BAÑO ........................................................56
DIFICULTAD PARA TRAGAR ..................................................................56
CEFALEAS (DOLOR DE CABEZA) - MIGRAÑA .................................57
VISIÓN BORROSA......................................................................................58
PIERNAS DÉBILES O TEMBLOROSAS .................................................59
HORMIGUEOS - PINCHAZOS .................................................................61
SEGUNDO: ALTERACIONES MENTALES ..........................................61
1. PREOCUPACIÓN ANTICIPADA .........................................................63

**PARTE 3. CÓMO ENFRENTAR LAS FOBIAS Y MIEDOS .............71**
1. MIEDO A CONDUCIR ............................................................................73
2. MIEDO A SITUACIONES DE LAS QUE "NO SE PUEDE
    ESCAPAR"..................................................................................................76
3. MIEDO A QUEDAR FÍSICAMENTE ATRAPADO ..........................78
4. MIEDO A HABLAR EN PÚBLICO ......................................................81
5. MIEDO A LOS MÉDICOS O A TOMARSE LA PRESIÓN ..............84
6. HIPOCONDRÍA Y MIEDO A MORIR..................................................85

**PARTE 4. RECOMENDACIONES PARA FORTALECER TU
    RECUPERACIÓN Y EVITAR RECAÍDAS .........................................87**
**CONCLUSIONES Y MENSAJE FINAL..................................................92**

# INTRODUCCIÓN

No importa qué tanto estés hundido en la ansiedad ni qué tan mal te sientas, o si quizás el simple hecho de leer este libro te parece un reto muy grande... Si lees este libro hasta el final y te atreves a acompañarnos en este viaje, te estarás dando la oportunidad de salir del hoyo en el que has caído y del que tal vez piensas que no puedes salir.

La ansiedad te hace sentir que quieres escapar de ti mismo, huir de tu propia mente y de tu cuerpo, pero eso es imposible y caes en la desesperación. Pues ten fe: hay una nueva corriente, un nuevo movimiento que te ayudará a retomar el control que alguna vez tuviste.

Se trata de un método que fue ideado por personas que, como muchos de nosotros, estuvieron azotadas durante largo tiempo por crisis de ansiedad, pero que finalmente encontraron la clave para curarse definitivamente de ella.

Y así como ellos lo lograron, muchos otros lo han hecho, siendo perseverantes y siguiendo los pasos que aquí te explicamos. Ahora está en tus manos la decisión de permanecer atrapado en las redes de la ansiedad o de ATREVERTE a seguir leyendo y buscar el camino a la salida del laberinto.

## Antes de empezar:

Adicionalmente al contenido de este libro, he preparado junto a otro experto sobre el tema de ansiedad Elvis D Beuses, una serie de videos, audios y herramientas adicionales para ayúdate a superar la ansiedad.

Te invito (antes de que lo olvides) a visitar la página:

# www.alcanzatussuenos.com/ansiedad

Ingresa tus datos y tendrás acceso de inmediato al material y también recibirás actualizaciones y otros recursos para ayudarte a vencer la ansiedad en la comodidad de tu correo electrónico.

# LA CRUEL Y TERRIBLE ANSIEDAD

Para poder saber lo desagradable que es la ansiedad, hay que haberla padecido. Muchos hablan todos los días de que se sienten ansiosos o comentan que están estresados, pero jamás entenderán lo espantosa que es la ansiedad a menos que la experimenten en carne y mente propias.

Solo quienes hemos estado allí sabemos cómo la cabeza se inunda de preguntas asfixiantes...

¿Estaré así para siempre?

¿Habrá algo malo en mi cerebro?

¿Me estoy volviendo loco?

¿Pararé en un manicomio?

¿Perderé totalmente el control de mí mismo?

Y mucho menos podrían saber lo aterrador que es sufrir un ataque de pánico, sentir que de un segundo a otro sus vidas acabarán, sentir cómo se quedan sin aliento y horrorizarse al pensar que ya no pueden respirar más.

Es precisamente por esa falta de entendimiento que, cuando caemos en la ansiedad, nos sentimos solos en el mundo. Porque nadie puede comprendernos; nuestros amigos, nuestros familiares, le restan importancia a nuestros temores porque no saben cómo es estar así.

Desconocen el terror de pensar, de sentir en la mente y en la piel como que algo muy malo está por pasar, algo que tal vez ni siquiera sabemos qué es, pero que nos llena de un miedo y una angustia infernales.

No saben lo que es perder la voluntad de hacer las tareas simples que debes hacer día a día, no entienden por qué evitas ciertas actividades y situaciones o por qué actúas tan raro. No se ven a sí mismos perdidos, extraviados y desorientados en las calles por las que transitan todos los días, así como te pasa a ti.

Tampoco imaginan lo cansado que puedes sentirte, el agotamiento físico y mental por pasar día y noche repitiendo pensamientos fatalistas, preocupándote, asfixiándote.

Pero... Aunque te sientas solo, debes saber que no lo estás. Nosotros te comprendemos. Sabemos por lo que estás pasando y queremos ayudarte a solucionarlo, así como nosotros ya lo hicimos.

Y así como tú, seguramente muy cerca de ti hay otras personas que también sufren en silencio: la ansiedad es un padecimiento muy común que ataca a millones de personas en todo el mundo. Pero aunque es muy común en nuestros días, no es un mal incurable.

Quizás te has hecho decenas de exámenes médicos buscando una enfermedad rara que explique todos tus "síntomas" o tal vez ya te hayan diagnosticado el trastorno de ansiedad. Créelo: Hay millones de personas que están igual que tú. Pero no todas tienen la suerte de encontrar una herramienta como esta para curarse definitivamente.

# ¿QUÉ ENCONTRARÁS EN ESTE LIBRO?

Con estas líneas nuestra intención es que te recuperes en el menor tiempo posible y que vuelvas a vivir tu cotidianidad como lo hacías antes.

De la manera más sencilla posible, queremos enseñarte a acabar con tus pensamientos ansiosos, repetitivos y fatalistas. Te ayudaremos a eliminar esos molestos (aunque inofensivos) ataques de pánico. Te llevaremos a retomar esas actividades que solías hacer y que ahora evitas a toda costa. Y, aunque lleves mucho tiempo inmerso en ese estado de angustia y ansiedad, vamos a ayudarte a recuperar tu verdadero "yo".

Además, descubrirás cómo convertir este problema en un triunfo personal y despertarás un poder oculto dentro de ti mismo: al salir de la ansiedad, serás más fuerte que antes.

Con este enfoque se eliminarán esas costosas consultas al psiquiatra o al psicólogo y el uso de corrosivos fármacos. Este método simplifica la recuperación, pues su clave está en enseñarte no a "manejar" o "controlar" la ansiedad, sino a curarla para que vivas tu vida al máximo.

Y la clave para esto está aquí: te enseñaremos a deshacerte del MIEDO a la ansiedad, antes que de la ansiedad misma.

Este método pone a tu disposición una técnica de cuatro pasos que te llevarán al camino hacia la curación y logrará:

- Espaciar cada vez más la aparición de los ataques de pánico, hasta que se vayan definitivamente en el menor tiempo posible.

- Reducir y eliminar la ansiedad generalizada.

- Disminuir los pensamientos fatalistas e ideas tóxicas recurrentes y cambiarlos por sensaciones positivas.

- Comenzar a sentirse cómodo con la "ausencia" de ansiedad e iniciar una fase de acostumbrarse al estado "no ansioso".

- Reaccionar adecuadamente a las posibles recaídas.

Pero esto no es todo; en este libro también te revelaremos cuáles son las técnicas que debes poner en práctica ante una serie de situaciones, síntomas y sensaciones que experimentas cuando sufres ansiedad generalizada.

¿Qué debes hacer si sufres un ataque de pánico?

¿Cómo reaccionar ante el insomnio?

¿Cómo actuar al sentir palpitaciones?

¿Cómo proceder si sientes terror de salir de tu casa?

Igualmente te explicaremos de forma muy simple el porqué de estos "síntomas" que experimentan tu cuerpo y tu mente, para que entiendas que no estás enfermo, que no estás muriendo y que todos esos temores y sensaciones son creaciones de tus propios miedos.

# VARIAS COSAS QUE DEBES SABER ANTES DE COMENZAR

1. Es normal sentirse muy mal. Si tienes estrés y ansiedad, tu química hormonal cambia e influye en tu cuerpo y tu cerebro, que además están agotados por este bombardeo de sensaciones y pensamientos negativos. Pero eso no quiere decir que estás enfermo.

2. ¿Crees que te pasa esto porque eres débil? Falso: eres más valiente y fuerte de lo que imaginas.

3. ¿Te preguntas "por qué me pasa esto a mí"? Nadie sabe la respuesta. Algunas personas son más sensibles que otras a situaciones de estrés, y quizás seas una de ellas. Pero no importa que no haya una explicación a tu problema, pues la solución sigue siendo la misma. No te muelas el cerebro tratando de buscar una explicación, eso es inútil.

4. ¿Te preguntas cuánto tardarás en curarte? La respuesta está dentro de ti. Dependerá de tu disposición, de tus ganas, de tu entendimiento y de tu esfuerzo.

5. Tal vez te parezca extraño, pero el principal obstáculo para superar la ansiedad eres tú mismo. Pero la solución está dentro de ti. Tú tienes el control, aunque no lo sepas. Otros podrán ayudarte. Este libro podrá guiarte. Pero al final, la cura está en tus manos. Debes tener fe en ti. Creer en ti. Así como sin darte cuenta tú te metiste en esto, tú mismo podrás sacarte de ahí, a voluntad.

# PARTE 1. EL MÉTODO

## COMPRENDER LA ANSIEDAD

Debes empezar por entender que la ansiedad es una herramienta de supervivencia. La ansiedad no es una enfermedad, sino un mecanismo de defensa.

Recuerda que el ser humano en sus orígenes vivía en constante peligro, por lo que nuestras mentes están naturalmente diseñadas para estar alertas ante cualquier situación en la que debamos decidir si huir o luchar. Nuestros antepasados vivían en un ambiente lleno de riesgos, de animales salvajes y con la naturaleza muchas veces en su contra. En una situación de peligro, la mente entraba en estado de alerta.

Por ejemplo, si un individuo sospechaba que la sombra detrás de un árbol era una fiera que podría atacarlo, entonces su corazón empezaba a latir más rápidamente y su mente se alteraba.

"**¿Qué pasaría si** la fiera detrás del árbol me atacase?".

Entonces allí, con la adrenalina a millón, el sujeto toma la decisión de correr tan rápido como puede o buscar un objeto que pueda usar como arma para enfrentar a su potencial enemigo.

Durante este tipo de situaciones, el cuerpo y la mente experimentan una ansiedad completamente justificada, natural. La química en el cerebro cambia para hacer al individuo más capaz de enfrentar el momento. Pero una vez solucionado el problema, todo vuelve a la normalidad, el cerebro y su química se estabilizan, el cuerpo y la mente dejan de recibir señales de alerta.

En nuestros días, las amenazas son muy diferentes... Tal vez no sea una fiera detrás de un árbol, sino una autopista con el tráfico estancado... "Voy a llegar tarde al trabajo... Puedo perder mi empleo... Me van a amonestar... Si me despiden no podré sostener a mi familia...". Por la constante repetición de esta clase de preocupaciones, quizás algún trauma o por muchas otras causas, puede ocurrir que los niveles de ansiedad queden atascados en un punto alto y no se normalicen más. Es allí cuando se convierte en un trastorno.

Pues bien, eso es lo que te ha ocurrido. En algún momento tu nivel de ansiedad, por la razón que sea, se elevó, pero no ha vuelto a bajar o se mantiene en un permanente sube y baja, por lo que tu cerebro todo el tiempo está enviando las señales equivocadas... Pone a tu corazón a latir más rápido, sin razón aparente... Te pone a sudar, te pone las manos frías... Te pone a temblar. Y te sumerge en la sensación de que algo malo va a pasar... Igual que nuestro amigo ante la sombra detrás del árbol, pero con la diferencia de que en tu caso, no hay sombra ni hay fiera.

Solo hay un desajuste.

Por supuesto que te sientes mal y que con el paso del tiempo empiezas a desesperarte. Ahora que lo sabes, solo debes aprender a percibir tu ansiedad de una forma diferente.

Para lograrlo, te mostraremos los cuatro pasos de los que consta este método.

## PASO 1. NO TE RESISTAS A LA ANSIEDAD

La ansiedad es una energía nerviosa que sube y baja, igual como las olas del mar. Supón que estás en la playa y de vez en cuando una ola se levanta delante de ti. Cuando te resistes a la ola, esta te lanza, te revuelca en el agua y terminas asustado y alterado, quizás tragues agua y le empieces a temer a las olas y a resistirte a ellas.

Pero si en vez de resistirte te mueves a su ritmo, brincas y subes con ella cuando se eleva, bajas con ella cuando ella cae, finalmente le perderás el miedo a las olas.

La ansiedad es así, como las olas. A veces suben, luego vuelven a caer... Pero siempre van a desvanecerse. No hay razón por la que temer a la próxima ola que venga, pues ya sabes que solo con no resistirte, con no pensar que te revolcará en el agua y con ir a su ritmo, será suficiente para que no te haga daño alguno.

La ansiedad se convierte en un problema cuando en vez de subir y bajar con ella, en vez de ir a su ritmo, empiezas a resistirte. Debes dejar de resistirte a la ansiedad, restarle importancia, porque al final, siempre su destino será desvanecerse.

Cuando te resistes, el miedo empieza a crecer dentro de ti y pierdes el control. Lo importante de nuestro método es que comiences de una vez por todas a dejar de resistirte y dejar de tener miedo a la próxima vez que comiences a sentir que viene un ataque de ansiedad.

## QUÉ PASARÍA SI...

La esencia de este primer paso es entrenar de nuevo la forma inmediata de responder a la ansiedad cuando ves que se aproxima. Es un paso muy rápido y fácil de implementar y debes ponerlo en práctica desde el preciso momento en que sientes que aparece.

La ansiedad llega de pronto y crece rápidamente, y más rápido crecerá si caes en el peor de los errores.... Que quedes atrapado en pensamientos del tipo... **"Qué pasaría si...."**.

Recordemos a nuestro amigo prehistórico... "**¿Qué pasaría si...** la fiera detrás del árbol me atacase?".

Probablemente el pobre hombre sí tenía una fiera a la que enfrentarse, pero lo más seguro es que todos los "**¿Qué pasaría si...**" que tú repites todo el tiempo, son los equivocados. No hay una fiera esperando para atacarte.

Quizás este es el tipo de pensamientos que llegan a tu mente cuando se avecina una crisis de ansiedad:

"¿Qué pasaría si mi corazón dejara de latir?".

"¿Qué pasaría si sufro un ataque de pánico mientras manejo mi auto?".

"¿Qué pasaría si esta ansiedad nunca desaparece?".

"¿Qué pasaría si me desmayo en plena calle?".

"¿Qué pasaría si me agito tanto que luego ya no puedo respirar?".

Generalmente, las respuestas a todas estas preguntas son las más catastróficas y negativas posibles. Raramente se te ocurrirán respuestas alentadoras y positivas.

Pues eso es lo que debes hacer de ahora en adelante. Evitar pensar en nefastas respuestas para tus preguntas ansiosas... Pues de tanto repetirlas, elevarás la adrenalina, elevarás tu ritmo cardíaco... Tu cerebro creerá que algo malo está por pasar y enviará las señales de alerta. La ansiedad te atacará.

No lo hagas más. De ahora en adelante, responde a esas preguntas con respuestas felices y alentadoras.

¿Qué pasaría si mi corazón se detiene de repente? Una respuesta adecuada sería:

"Y qué... Mi corazón es fuerte, solo está ejercitándose. No pasa nada".

¿Qué pasaría si sufro un ataque de pánico manejando en la autopista?".
"¡Y qué! Seguiré manejando, igual que siempre lo he hecho, y siempre llego a casa sano y salvo".

"¿Qué pasaría si estos horribles pensamientos no dejan de venir a mi cabeza?".

"¡Y qué! Son solo pensamientos y no me pueden hacer daño. Mi mente se tranquilizará y los pensamientos se esfumarán".

Es muy probable que cuando empieces a responder a las preguntas con respuestas positivas, respuestas que desestimen los planteamientos aterradores, sientas que te estás engañando a ti mismo. ¡No importa! Sigue haciéndolo. Con el paso del tiempo, tu mente se asentará, el espectro de ansiedad bajará al darse cuenta de que las respuestas positivas son verdaderas... Porque al fin y al cabo, es verdad... ¡Nada malo te pasa!

**¡NO TE RESISTAS!** La clave está en desactivar rápidamente la acumulación de miedo.

Hazlo cada vez que la sientas venir. De esa manera, se desarma rápidamente la acumulación de tensión y pones tu mente a moverse al mismo ritmo que tus nervios y tu ansiedad, en lugar de resistirse a ellos.

## PASO 2. ACEPTA LA ANSIEDAD

Ya aprendiste que lo primordial es no resistirte a la ansiedad, pero eso no será suficiente para superarla. El segundo paso es la **ACEPTACIÓN**. Cuando aceptas lo que sientes, aceptas los "síntomas", los pensamientos o todo lo que viene con ella, le das más poder a la estrategia de no resistirte.

Aún hay ansiedad dentro de ti, pero debes disiparla al aceptar que está allí. Cuando decimos aceptar, nos referimos a dejarla ser... dejarla estar. Quitarle importancia. No importa que esté allí, no importa lo que te hace pensar o sentir. Déjala ser.

Casi todos tenemos una respuesta inicial errónea cuando aparece una crisis ansiosa. Nuestra naturaleza como seres humanos nos lleva a evitar experiencias desagradables, y por eso preferimos evitar la situación, bloquearla, escapar de ella.

No intentes bloquear tu ansiedad, no intentes escapar de ella, pues tan fuerte como la bloquees, así de fuerte te atacará. Tan rápido como huyas, así de rápido correrá detrás de ti.

Mientras huyas de la ansiedad, mientras la bloquees, estarás gastando energía en ella... Te cansarás de bloquear y escapar, y finalmente sucumbirás.

Esto ocurre porque no es posible escapar de ella, ni bloquearla, ni evitarla. ACÉPTALA. Muévete con ella a su ritmo, hasta que deje de ser importante. Cuando deje de ser importante, perderá toda esa fuerza. La fuerza se la das TÚ al huir y bloquearla.

Ya basta de gastar energía para entregársela a la ansiedad. Puede funcionar por un rato, pero luego igual te vas a agotar y caer en sus redes. Mejor acéptala. Una buena forma de entrenar a tu cerebro para la aceptación es repitiendo frases como esta:

"Acepto y permito mi ansiedad. Acepto que está allí. La dejo ser".

Cuando la aceptas, la lucha interna entre tú y ella se detiene y así tu sistema nervioso tiene la oportunidad de relajarse.

Ya no importan las extrañas sensaciones que te hace experimentar, no importan los macabros pensamientos que lleva a tu cabeza. Es solo excitación nerviosa. Acepta que están allí esas sensaciones... Pues solo son eso, sensaciones. No te les resistas, están allí, pero no son importantes. Ya pasarán.

"A lo que te resistes, persiste", dice un sabio. En cambio, aquello que aceptamos, podemos transformarlo. Cuando aceptamos plenamente nuestra ansiedad dejándola ser, sin escapar de ella ni luchar contra ella, empezamos a transformarla.

Tienes que aprender a sentirte cómodo con tus achaques de ansiedad.

El secreto de la recuperación está en llegar al punto en el que realmente permites y aceptas tu ansiedad. En ese momento, comenzará a derrumbarse de forma natural.

Algo muy importante para la ACEPTACIÓN es dejar de estar apurado por salir del hoyo.

Es contraproducente estar pendientes todo el tiempo de cómo nos sentimos o despertar y preguntarnos cómo nos vamos a sentir hoy, si vamos a estar ansiosos, si tendremos palpitaciones. No importa. Déjalo ser.

En vez de preguntarte si vas a estar ansioso hoy, pregunta qué nivel de ansiedad serás capaz de aceptar y desestimar hoy.

## BIENVENIDA, ANSIEDAD

Debes comprender que cuando decimos que no te resistas y que aceptes tu ansiedad, no se trata de alimentar tus miedos, sino de permitir que estén allí para que caigan por su propio peso.

Se trata de levantar una nueva relación con tu ansiedad, desde otro punto de vista: como un observador externo.

Observa cómo aparecen los pensamientos, síntomas y sensaciones. No te alejes de ellos, no los ignores. Obsérvalos. Si lo haces de la manera correcta, lograrás un efecto curativo en tu sistema nervioso. Porque al conocerlos y moverte con ellos, te darás cuenta de que son inofensivos. Los aceptarás y perderán importancia. Al final perderán fuerza y se derrumbarán.

Piensa en tu ansiedad como en un vendedor de esos que van de puerta en puerta. Siempre andan por ahí. Pero este es uno bastante persistente que insiste en aparecer en tu puerta todo el tiempo, y la toca y su ruido te altera y te molesta.

Pasan los días y sigues evitando a toda costa al vendedor, escapando para que no te alcance cuando sales de tu casa o entras en ella. Este necio vendedor solo te dejará en paz cuando lo hagas pasar a tu casa y te diga lo que tiene que decirte, mientras tú simplemente lo miras sin darle importancia alguna a sus palabras o a lo que te ofrece.

Tú solo lo observas, porque sabes que cuando finalmente termine de decir lo que quería decirte, se marchará. Sobre todo porque tú decides no comprar lo que vino a venderte.

Porque no crees en su producto. Al vendedor se le quitarán las ganas de molestarte y se irá. Quizás algún día vuelva por ahí, pero ya no se te hará tan incómodo aceptar su presencia, y de nuevo, finalmente se irá.

Asimismo debes invitar a la ansiedad a pasar a sentarte a tu lado y a decirte lo que tenga que decirte. Cuando veas que no es nada importante, se marchará. No comprarás sus engañosas ofertas.

Puedes practicar diciendo frases como la siguiente:

"Bienvenida, ansiedad: Ya no voy a pelear contigo. Hagamos una tregua. Siéntate a mi lado. Dime lo que me tengas que decir".

"Acepto y permito este sentimiento de ansiedad y estos pensamientos ansiosos".

Al aceptar la ansiedad e invitarla a sentarse junto a ti, desatarás una sensación liberadora.

Al no resistirte, permites a tu cuerpo y tu mente relajarse libremente con toda esta energía nerviosa. Tienes que hacerlo convencido de ello, de que dará el resultado que deseas.

Cada vez que sientas una oleada de energía nerviosa, debes tratarla como a un amigo que te visita y se sienta contigo.

Tu ansiedad no crecerá si la recibes con esa hospitalidad. Porque son tus miedos, rechazos y resistencias los que la alimentan.

Deja que la ansiedad se manifieste en cualquier forma que se le antoje, en tu cuerpo o en tu mente. ¿Te hace un nudo en la garganta? ¿Acelera tu ritmo cardíaco? ¿Te ataca con pensamientos caóticos? No importa. Déjala estar... Dile que es bienvenida. Deja que tu cuerpo vibre con la excitación nerviosa sin ninguna resistencia. Entonces comenzará a desvanecerse.

Mientras la ansiedad está allí contigo, puedes decirle palabra estas:

"Acepto y permito mi ansiedad. Acepto y permito las sensaciones que me hace experimentar".

Pero entiende algo: sabemos que no es agradable. No es un visitante agradable. No es lindo sentir miedo, angustia, palpitaciones, nudos en la garganta. Pero igual debes aceptarlo todo y darle la bienvenida porque esa es la única forma de que estos síntomas desaparezcan naturalmente. Piensa en ello como cuando tomas una medicina con un sabor amargo. Sabes que no será agradable en tu paladar, pero que después te hará sentir mucho mejor.

Siempre dale la bienvenida. Nunca te molestes cuando la ansiedad aparezca en tu puerta. Sé un buen anfitrión y sonríele. Invítala a pasar, ofrécele un té. Puedes incluso, mientras está allí contigo, darle a tu ansiedad una imagen visual en tu mente. Quizás una caricatura ridícula. También puedes ponerle un apodo cursi a tu ansiedad. Puedes imaginar que tiene una voz ridícula, muy aguda. Crear en tu mente una muy ridícula personificación de tu ansiedad.

Lo importante del ejercicio anterior es darle también un toque de humor y una connotación absurda a la ansiedad. De esta manera, enseñarás a tu cerebro que tu ansiedad es solo eso, un visitante ridículo e inofensivo.

Y sí, es inofensivo. No puedes sentirte amenazado por un personaje tan tonto como ese. Con un poco de práctica, verás que a la larga asumirás la llegada de la ansiedad como un loco chiste que quizás hasta te haga sonreír. Practica este juego, porque aunque parezca tonto, es un excelente entrenamiento para tu mente y para lograr que te relajes ante las crisis ansiosas.

NO tengas miedo de hacerlo, de darle la bienvenida y jugar con ella. No sientas que eso te hará perder el control. Al contrario, de esta forma empiezas a poner el control en tus manos. Mientras más lo hagas, mejor trates a tu ansiedad y más ridícula la veas, más velozmente bajará su intensidad. Créenos. Nosotros lo hicimos y funcionó.

Además, debes atreverte también a invitar a la ansiedad cuando no la ves venir. Cuando está escondida.
En tus días buenos, llámala. "Hey, ansiedad. Te invito a pasar. Ven hoy, a ver qué me vas a hacer." Mantén las puertas abiertas, deja de preocuparte por si viene o no viene, porque ya estás sobre aviso.

No olvides que el miedo al miedo, el miedo a la ansiedad y el miedo a sus sensaciones es lo que la mantiene allí molestándote. Si decides jugar con ella, empiezas a perder miedo y a volver a ser libre.

Este segundo paso que proponemos puede parecer un poco raro o absurdo. Pero debes confiar en lo que te decimos. Confía en nosotros y al menos pruébalo por un par de semanas. Cuando empiece a reducirse tu ansiedad, te darás cuenta de que esta es la manera adecuada de hacer las cosas.

La diferencia de esta propuesta en relación a otras es que, justamente, vamos a la raíz del problema, el miedo al miedo y la resistencia a la ansiedad. Este método te enseña que la ansiedad es solo pensamientos, miedos y sentimientos inofensivos.

No se trata de evitar la ansiedad, de distraerte de ella mediante otras prácticas o ejercicios, sino de hacerte tan consciente de ella, que la aceptes y dejes de resistirte hasta que te des cuenta de que no puede hacerte daño alguno, por lo que puedes sentirte cómodo y libre de miedos cuando la ves venir e incluso despreocupado o indiferente sobre si aparecerá o no.
Cuando haces esta práctica, en pocos minutos comienzas a perder el miedo, empiezas a relajarte. Las sensaciones se reducen. La alteración nerviosa se convierte en otro tipo de energía, quizás una animosidad parecida a cuando bebes café. Cuando la energía nerviosa llega a este punto, es mucho más fácil trabajar con ella. Ahora puedes

utilizarla para levantarte y hacer cosas productivas y positivas en vez de estar alterado y paralizado.

## ENTENDER QUÉ ES ACEPTAR

Deseamos que cuando pongas en práctica este segundo paso tengas muy claro lo que queremos decir con ACEPTAR tu ansiedad. No es una palabra mágica. No es que de la boca para afuera digas: la acepto. Y con esto se esfumará mágicamente. Para dominar la técnica, ten muy claro lo siguiente: la clave de nuestro método no es que te deshagas de la ansiedad sino de tu **miedo a la ansiedad.**

No vamos a acabar directamente con las locas sensaciones que la ansiedad desencadena en tu cuerpo y tu mente. Vamos a acabar con el miedo constante que estas sensaciones despiertan en ti. Es la única manera de liberarte.

Conocemos en carne propia lo fastidioso que es vivir todo el tiempo con los nervios alterados. Sabemos todas las reacciones que sufre nuestro **cuerpo** y mente cuando el cerebro envía las señales ansiosas. Pero entiende esto: Nuestro objetivo no es liberarte de esas sensaciones. No queremos que consigas una calma artificial, tensa. No es un método para que te relajes rápidamente en medio de una crisis y el cuerpo deje de estar tembloroso o el corazón inmediatamente baje su ritmo. Si te enseñásemos eso, estaríamos cayendo en el error de enseñarte a resistirte a la ansiedad.

Lo que queremos enseñarte es a NO TENER MIEDO, sin importar cuántas sensaciones extrañas estén moviéndose dentro de ti. Cuando ACEPTES, no habrá miedo, aunque experimentes los más locos "síntomas".

## OBSERVA TU ANSIEDAD

Cuando invitas a tu ansiedad a pasar y sentarse a tu lado, te das la oportunidad de observarla. Eres testigo de todo lo que te hace. En vez de quedar atrapado y paralizado del miedo, conviértete en observador de todo lo que estás experimentando. Pasas de víctima a observador curioso.

Hay que entrenar durante un tiempo para lograrlo, pero claro que puedes hacerlo. Pronto estarás sintiendo esos extraños síntomas sin sentirte incómodo porque estarás ocupado estudiándolos. Tus pensamientos pasan de ser temerosos a ser curiosos.

Y puedes sentirte seguro de que nada malo ocurrirá. Ya lo sabes... Solo son sensaciones y las sensaciones no matan. ¿Acaso no te alivia saber que ya no tienes que tratar de controlar la ansiedad sino dejar que sus caprichos fluyan inofensivamente en ti?

Pronto estarás mejor y habrás superado este segundo paso. Lo sabrás cuando veas que la ansiedad se acerca y ya no te sientes petrificado o angustiado por eso. Puede que tengas un poquito de miedo, pero no te paralizarás ante él.

Es el momento de seguir hacia el siguiente nivel.

## PASO 3. EMOCIÓNATE CON TU ANSIEDAD

Aunque hayas seguido los pasos anteriores y estés en el punto en el que aceptas tu ansiedad, seguramente aún quedan en tu mente ciertos temores. Tal vez ya no sean tan intensos, pero quizás en el fondo podrías seguir percibiendo la ansiedad como una amenaza, como algo realmente perjudicial.

Ahora en este tercer paso debes destruir para siempre esos temores cambiando la forma como percibes las señales ansiosas. Debes cambiar el "chip" en tu mente para empezar a asumir la ansiedad de una manera positiva.

Para entender lo anterior, fíjate en este experimento que hicieron unos psicólogos. A los participantes de dos grupos diferentes les dijeron que estaban probando los efectos de un fármaco para mejorar la vista. Lo que ellos no sabían era que en realidad les estaban inyectando adrenalina. La adrenalina produce un aumento en la presión arterial y en la frecuencia cardíaca. Le imprime mucha energía al cuerpo y a la mente.

Los dos grupos estaban separados en habitaciones diferentes. En cada una de ellas, metieron a un actor. En el primer grupo, el actor fingió estar eufórico, lleno de alegría, mucha energía y excitación. En el segundo grupo, el actor tomó una actitud de miedo, frustración y ansiedad. Seguro ya adivinaste lo que pasó... En el grupo del actor eufórico, todos los participantes se contagiaron de euforia y excitación, mientras que en la habitación del actor ansioso, todos se pusieron ansiosos y temerosos.

¿Qué probó este experimento? Todos tenían una carga adicional de adrenalina, por lo que sus mentes y cuerpos estaban cargados de una gran excitación nerviosa. Pero la manera como desarrollaron su alteración nerviosa cambió dependiendo de lo que percibieron a través del actor. Cada grupo interpretó lo que sentía de forma diferente, gracias a un estímulo que les llevó a percibir lo que les ocurría de una forma diferente.

La prueba dejó claro que no son las sensaciones corporales que sentimos las que desatan nuestras respuestas emocionales, sino que es nuestra percepción de esas sensaciones la que determina nuestros sentimientos y respuestas.

Lo mismo pasa con la ansiedad. La manera como la percibes influye en la manera como la canalizas. Si percibes que es algo terrible que te da miedo, tu cuerpo y tu mente se pondrán en sintonía con la angustia y el miedo. Si percibes que estás lleno de euforia y energía, entonces tu cuerpo y tu mente también lo canalizarán así. Si te emocionas con la ansiedad, tu cuerpo y tu mente estarán emocionados, pero no asustados.

En esta etapa, debes empezar a cambiar en tu mente la manera como estás percibiendo la ansiedad. Debes recibirla con emoción, excitación y cierta euforia. Ojo, no te estamos pidiendo que te hagas adicto a ella ni nada parecido.

Lo que buscamos es que cada vez que la ansiedad aparezca, dejes fluir toda la energía que ella te inyecta, desde una percepción diferente, y utilices toda esa energía para ir en otra dirección, una dirección contraria al miedo y las angustias y más cercana a la alegría y la actividad.

Recuerda que la ansiedad es una ola de energía que fluye a través de tu cuerpo. Esta energía no te va a hacer daño, de ninguna manera. Es tu interpretación de esta energía la que la convierte en un problema para ti y la que te atrapa en el círculo vicioso de tenerle miedo al miedo.

Al fin y al cabo, el miedo y la emoción son diferentes caras de la misma moneda. La clave está en aprender a voltear la percepción de estas sensaciones de negativo a positivo. Poner la moneda del lado correcto. Cuando hayas aprendido a percibir tu ansiedad como una manifestación de un elevado grado de energía dentro de ti, que puedes manejar a tu antojo, se derrumbará la sensación de amenaza.

Cuando la ansiedad está allí, todo el sistema nervioso se llena de esa energía. Déjala que fluya dentro de ti plenamente, pero cambia el "chip". Del miedo a la emoción, de la angustia a la alegría y la EMOCIÓN.

Una buena práctica dentro de este tercer paso es repetir en tu mente algo parecido a esto:

"Estoy emocionado por estas sensaciones".

Repítelo varias veces hasta que comiences a sentir un cambio en cómo estás percibiendo esta energía nerviosa.

Pero no solo debes decirlo. Aprovecha la energía que está fluyendo en tu cuerpo. Sacúdete, baila, brinca. Haz algo alegre e intenso que te haga descargar toda la energía que fluye dentro de ti. Si estás en la oficina, puedes ir al baño o a algún lugar donde puedas hacerlo a solas. Esto por si eres tímido y no quieres que te miren raro.

El punto es no permitir que el cerebro interprete equivocadamente las sensaciones de ansiedad, que no las perciba como una amenaza. En su lugar tienes que "engañar" a tu mente ansiosa, jugar con ella para que experimente sensaciones diferentes.

De esta manera, le estarás enseñando lo siguiente a tu cerebro emocional: "No hay ninguna amenaza.
No estoy preocupado por estas sensaciones. Solo es excitación

nerviosa. Le doy la bienvenida, la dejo fluir dentro de mí y la transformo en algo emocionante y alegre".

Como ya mencionamos antes, no importa si el hecho de repetir estas frases o hacer estos ejercicios te parece una falsedad. Al final, de tanto repetirlo, lograrás los resultados que deseas. Tampoco importa si al principio tienes que fingir.

¡Hazlo!

Con el paso del tiempo verás como finalmente cambias la dirección de todas las sensaciones que se acumulan dentro de ti. Es muy importante que cumplas con esto, porque cuando hay ansiedad, hay energía y energía y más energía fluyendo dentro del cuerpo, la mente y el sistema nervioso.

Toda esa energía debe ser transformada, porque al quedar atrapada dentro de ti, si te paralizas de miedo, te hará sentir peor. Esa es una de las razones por las que siempre te sientes cansado.

Así que, de ahora en adelante, ¡EMOCIÓNATE con tu ansiedad!

Deja salir todo eso que tienes por dentro, pero con euforia y alegría.

## PASO 4. OCÚPATE

A estas alturas ya debes haber aplicado las tres etapas anteriores de nuestro método y debes estar yendo en la dirección correcta. Pero tu mente ansiosa puede querer traicionarte y buscar la manera de hacerte caer de nuevo en ese estado de parálisis y miedo en el que alguna vez estuviste.

Este cuarto paso es corto, pero sumamente crucial, porque representa tu llegada a la META. Ya recorriste casi todo el camino, pero te falta un poco. Esta fase final está diseñada para mantener tu mente ansiosa muy lejos del camino errado, de manera que tu sistema nervioso pueda terminar de relajarse y estabilizarse. Esta etapa es la que te enseña a no RECAER.

La clave en este momento es ocupar tu mente en algo productivo, algo útil que acapare tu atención y haga que tu vida siga fluyendo a pesar de cualquier amenaza ansiosa.

No se trata de que te distraigas, de evitar la ansiedad mediante una distracción. Es muy importante que tengas claro que esto es algo muy diferente a la distracción. El punto de OCUPARTE es demostrarle a tu mente que la ansiedad no te alejará de tu vida real, de tus ocupaciones y tus actividades. Demostrarle a la ansiedad que aunque esté allí, tu vida sigue.

Ella no va a paralizarte. A ti no te importa ella, así que insistes en ocuparte.

Lo más relevante aquí es no estar ocioso. La ociosidad actúa en contra de la recuperación. Si estás inactivo, ocioso y solo te dedicas a pensar, lo más probable es que los pensamientos ansiosos, temerosos y amenazadores pretendan volver a tener un espacio importante en tu cabeza.

Al estar desocupado seguramente comenzarás a "comprobar" si estás bien, "revisar" todo tu cuerpo y tu mente buscando algún indicio de que algo anda mal o tratando de convencerte de que todo está bien. Y esa no es la idea. Recuerda que todo eso ya no debe importarte, pero la mente ansiosa es necia y tiende a recaer.

Habrá momentos en los que el estado ansioso, la alteración, los miedos, quieran aparecer para atormentarte. Pero no debes recaer. No te angusties, déjala ser. Recuerda que la ansiedad es un mecanismo natural, así que siempre está latente.

La clave aquí es no darle la menor importancia y, estando consciente de que no es dañina, mantenerte ocupado en tus actividades del día a día y no paralizarte.

Supón que estás en tu oficina, en tu casa o en cualquier lugar público y de pronto sientes que una oleada de ansiedad se aproxima. Tal vez tu corazón se sobresalte o tu mente se llene de pensamientos negativos.

Si en este momento aparece la ansiedad, ya sabes cómo desactivar el miedo inicial al no resistirte, al moverte con ella y dejarla ser.

Ya sabes que debes permitirle a la ansiedad estar presente, aceptar que esté allí contigo. Ya sabes que debes canalizar y liberar en forma de emociones positivas la energía que ella trae consigo.

Pero a estas alturas de tu "entrenamiento", lo que debes hacer a continuación es concentrarte en una tarea específica.

Enfocarte de nuevo en lo que estabas haciendo. Si estabas en el trabajo, aplícate en alguna tarea específica. Si estás en tu casa realizando cualquier labor, vuelve a hacerlo, ocúpate en eso. No te paralices. Si estabas inactivo, busca algo que hacer.

Llama a un amigo, sal a correr, limpia tu clóset. Ocúpate en algo útil y demuéstrale a tu ansiedad que tu vida sigue y que ella no te importa.

Si no te ocupas, estarás en riesgo de caer en el auto escaneo, en pensar demasiado, comprobar si te pasa algo, analizar cada pequeña sensación. Ocúpate, haz algo provechoso para ti, a la vez que le asestas un golpe final a la ansiedad al decirle que tu vida continúa y es plena y que eres tú quien tiene el control. No ella.

## CONCLUSIONES SOBRE LOS CUATRO PASOS

Si te atreviste a seguir el camino junto a nosotros y ya pusiste en práctica los cuatro pasos, estamos seguros de que te sientes mucho mejor. Es probable que ya domines tu ansiedad en vez de que ella te domine a ti, y es seguro que el miedo ha disminuido, si es que no ha desaparecido del todo.

Pero sabemos que hay personas con mayor resistencia a salir de la ansiedad, ya sea por su propia naturaleza, porque se bloquean, son escépticos ante las soluciones que planteamos o simplemente porque el nivel de su trastorno ya está en grados más avanzados y se les hace más difícil salir adelante.

No importa, no desmayes. Sigue repitiendo los pasos una y otra vez. Y ten en cuenta que esto no acaba aquí. En la próxima parte te vamos a dar más herramientas para que consigas el alivio que tanto necesitas.

Pero antes vamos a refrescar lo que has aprendido hasta ahora, a repasar las claves de lo que te hemos enseñado y a añadir ciertas recomendaciones que van a ayudarte a comprender mejor los cuatro pasos y hacerte más fácil su práctica.

## RECOMENDACIONES SOBRE LOS CUATRO PASOS

- No analices tanto cada paso. Solo cúmplelos, sin importar nada más. No te detengas a hacerte preguntas como: "¿Lo estoy haciendo bien? ¿Debo esforzarme más? ¿Será qué sí está funcionando?".

- Aplica los pasos cada vez que te sientas ansioso. No dejes de hacerlo. Acostumbra a tu cuerpo, tu mente y tu propia ansiedad a tu nueva actitud.

- Si logras relajarte con los cuatro pasos y a los pocos minutos sientes la ansiedad venir de nuevo, vuelve a seguir los pasos. Insistimos, hazlo cada vez. Esta repetición hará que el proceso sea cada vez más rápido, fácil y natural.

- Mantén este método siempre "a la mano" y úsalo siempre que lo necesites. Es como una herramienta que tal vez al principio no seas tan diestro al usarla, pero con la práctica serás un experto.

- Utiliza tus propias frases. Cuando te decimos que repitas internamente o en voz alta frases para manifestarle a tu cerebro las ideas de los cuatro pasos, no tienes por qué tomarlo literalmente. Crea tus propias expresiones con las que te sientas más cómodo y con un lenguaje más habitual en ti.

## LAS CLAVES DE LOS CUATRO PASOS

- No te resistas a la ansiedad. No evites la ansiedad. No escapes de la ansiedad. Ella es un mecanismo natural que siempre estará presente dentro de ti. Tratar de bloquearla y huir de ella le dará más fuerza. Debes moverte con ella como si fuera una ola.

- Acepta la ansiedad. Déjala estar allí contigo. Invítala a pasar. Dale la bienvenida. No importa qué tanto mal te haga sentir, solo déjala estar allí porque sabes que es inofensiva.

- Juega con ella. Juega con la imagen que tienes de ella. Dibuja mentalmente una caricatura que represente a tu ansiedad. Ridiculízala, ríete de ella. Es la mejor manera para que aprendas a perderle el respeto, para que olvides el respeto que le tienes y puedas burlarte de ella y así tu mente se acostumbre a que no hay nada que temer, porque es ridículamente inofensiva.

- Emociónate junto a tu ansiedad. Utiliza toda la energía que infunde dentro de tu cuerpo y de tu mente para expresar sentimientos positivos. No desperdicies toda esa energía dejándola dentro de ti. Transfórmala en algo positivo. Haz que salga. Recuerda que al permitir que toda esa energía quede atrapada en tu cuerpo, te hará sentir mal y cansado. Muévete, brinca, baila, convierte todas esas sensaciones en emociones positivas. Alégrate de la ansiedad para que tu cerebro aprenda que no es una amenaza, que no debes tenerle miedo.

- Cuando la ansiedad quiera volver, no recaigas. Ocúpate. Ocupa tu mente en algo útil. Continúa la actividad que estabas haciendo cuando se presenta o simplemente ocúpate en algo nuevo si estabas sin hacer nada. Pero no dejes que el ocio sea un campo abierto para que la ansiedad vuelva a controlarte. Demuéstrale a tu cerebro ansioso que tu vida continúa y que la ansiedad no tiene ninguna importancia, que no te va a paralizar y que jamás volverá a controlarte.

- Repite estos pasos cada vez que sea necesario hasta que seas un experto, y cuando alguna señal ansiosa se aproxime, no sientas miedo, no sientas temor ni pienses que es una amenaza. Entonces tendrás el control de todas esas energías que fluyen dentro de ti y la ansiedad será algo de tan poca importancia, que apenas le prestarás atención.

Felicitaciones por llegar hasta aquí. Ahora sigue leyendo para que comprendas mejor lo que te ha estado pasando y aprendas a lidiar con ciertas situaciones en las que nos mete la ansiedad.

# PARTE 2. LOS "SÍNTOMAS" DE LA ANSIEDAD Y CÓMO ENFRENTARLOS

## TÉCNICAS PARA HACER FRENTE A LOS "SÍNTOMAS" DE LA ANSIEDAD

En este capítulo vamos a explicar de manera clara y sencilla lo que ocurre dentro de nuestro cerebro cuando sufrimos estas fastidiosas crisis de ansiedad. Y cuáles son las reacciones adecuadas que debemos poner en práctica, dentro de los cuatro pasos hasta aquí aprendidos.

Como ya explicamos anteriormente, la ansiedad es energía nerviosa que fluye dentro de nuestro cuerpo, pero que no fluye normalmente sino a gran velocidad y con mucha intensidad. Nos ponemos como si nos hubiesen inyectado adrenalina, así como a nuestros amigos del experimento que te contamos en el Paso 3.

También debes recordar que cuando tenemos ansiedad generalizada o sufrimos crisis ansiosas, el cerebro se activa y comienza a enviar señales equivocadas, porque está engañado por culpa de la ansiedad. El cerebro "cree" que debe configurarse en estado de alerta como si hubiese una amenaza.

Estas señales del cerebro y toda esa energía que fluye dentro de nosotros hacen que nuestro cuerpo responda, y a veces responde de la forma más alocada. Nuestro cuerpo confundido busca la forma de reaccionar a todos esos estímulos y todas esas señales erróneas. Es allí cuando empezamos a experimentar una gama de los más extraños síntomas.

Cada persona manifiesta o exterioriza síntomas diferentes, dependiendo de su personalidad, del nivel de ansiedad que esté padeciendo, de cuáles sean sus temores, de su estado físico o de salud, de su grado de cansancio, etcétera. Sin embargo, y aunque muchas personas con ansiedad experimentan las sensaciones más locas y descabelladas, hay ciertos "síntomas" generales que la mayoría de las personas ansiosas sienten.

A continuación vamos a presentarte una serie de claves y técnicas que debes aplicar cada vez que se presente uno de estos síntomas. Estas técnicas están basadas en los cuatro pasos, pero agregarán ciertas variaciones o detalles. Aunque pueda parecer repetitivo, es necesario reforzar el concepto del método en situaciones particulares.

Igualmente vamos a tratar de hacerte entender por qué tu cuerpo te hace experimentar esas sensaciones. Queremos aclarar que cuando decimos síntomas, nos referimos a las sensaciones, y que no se trata de "síntomas" de una enfermedad.

También debemos dejar claro que siempre es positivo acudir al médico para examinarse, pero de manera preventiva y no por seguir impulsos hipocondríacos, que son muy comunes en las personas con ansiedad generalizada.

# PRIMERO: "SÍNTOMAS" FÍSICOS

## 1. ATAQUES DE PÁNICO

Los ataques de pánico se presentan en personas con niveles de ansiedad altos. Digamos que en una supuesta escala del 1 al 10, una persona con nivel de ansiedad de 8 en adelante probablemente sufre ataques de pánico.

Para comprender lo que significa experimentar algo tan desagradable como un ataque de pánico, hay que sentirlo en carne propia. Los ataques de pánico son inolvidables, algunas veces difíciles de explicar. Pero si ya lo sufriste sabes de lo que estamos hablando.

¿Qué es un ataque de pánico?

Recuerda cuando dijimos que la ansiedad es un mecanismo de defensa. El hombre de nuestro cuento, amenazado por una bestia o por algún elemento de la naturaleza, se encontraba en estado de alerta y su cuerpo y su mente se preparaban para dar una respuesta de lucha o huida.

Cuando a una persona con ansiedad le da un ataque de pánico es debido a una falsa e innecesaria activación de esa respuesta de lucha o huida.

Los ataques de pánico aparecen de manera repentina y estas son algunas de las sensaciones que nos hace experimentar:

- Palpitaciones, extrasístoles y taquicardia
- Entumecimiento y hormigueo
- Sudoración abundante

- Temblores
- Dolor de pecho y sensación de ahogo o asfixia
- Náuseas y mareos
- Sensación de irrealidad
- Escalofríos y sofocaciones
- Pero sobre todo una sensación intensa de que estamos a punto de morir o de que algo muy malo va a pasar

Cuando una persona sufre su primer ataque de pánico, de inmediato se fija en su cerebro un temor incontrolable de que vuelva a ocurrir. Lo primero que debemos decirte es que por más desagradable que sean, por más horrible que te hagan sentir y por mucho que les tengas miedo, los ataques de pánico son inofensivos.

Nadie muere por un ataque de pánico. Nada horrible pasa cuando sufres un ataque de pánico, más allá del miedo y las sensaciones que te hace experimentar.

Los ataques de pánico no son tus enemigos, son las respuestas de tu cuerpo y tu cerebro tratando de mantenerte a salvo. Es un antiguo mecanismo de protección biológica que libera un montón de hormonas del estrés para que puedas luchar contra una amenaza o tengas la capacidad de huir tan rápido como puedas.

El mecanismo servía de mucho cuando teníamos que escapar de una fiera detrás de un árbol, pero si solamente estás en el metro, en el autobús o en tu trabajo, no necesitas todas esas hormonas y respuestas.

# QUÉ HACER ANTE UN ATAQUE DE PÁNICO

Cuando sientes el terror inminente acercarse, seguro te haces las típicas preguntas del Paso 1, del tipo

"¿Qué pasaría si... me da un ataque al corazón? "

Lo primero que debes hacer es recordar lo siguiente:

¿Qué pasó cada vez que tuviste un ataque de pánico?

¿Qué pasó después de que sentiste que ya no podías aguantar más?

La respuesta va a ser esta: "Y qué... Nunca pasa nada".

Y es cierto. Llegó a su punto máximo y luego ya no pasó nada.

No importa cuán intenso sea el próximo ataque de pánico que veas venir, al fin y al cabo va a desaparecer sin hacerte ningún daño.

Debes tener claro en tu mente que todos los médicos, los psicólogos, los psiquiatras y muchas personas que ya han sufrido ataques de pánico, saben que son inofensivos. Así que tú también debes estar seguro de ello.

# PÍDELE MÁS AL PÁNICO

Para fijar ese conocimiento en tu mente, para convencerla de que el ataque de pánico es inofensivo y de que nunca pasa nada, debes poner en práctica esta técnica.

El secreto es despojarte del miedo, dejar de tenerle miedo a las sensaciones. Cuando tienes un ataque de pánico, tienes que "emocionarte" por la ansiedad con mayor fuerza.

¿Recuerdas cuando dijimos en el Paso 3 que debías emocionarte, liberar toda esa energía?

Cuando sientas un ataque de pánico, emociónate, corre hacia él, pídele que te dé más, apresúralo, presiónalo, exígele más, pídele que se vuelva más agresivo.

Puedes decir internamente frases como:

"¡Vamos! ¿Qué vas a hacerme?

¡Quiero más!

¡Enséñame más!".

Al mismo tiempo que le hablas a tu pánico, puedes "tirarte a morir". Tiéndete en el suelo, cae, exígele al ataque de pánico que haga lo peor, que te "mate".

Tal vez al leer esto sientas temor o rechazo y te digas a ti mismo: "Ni loco le pido al pánico que me dé más. Ya tengo suficiente de él". Pero no te resistas. No te pediremos nada que pueda perjudicarte. Esta es la manera más rápida de fulminar los ataques de pánico.

¡Hazlo!

Mientras practicas esta parte, los niveles de adrenalina y de estrés van a ir subiendo, pero llegarán a su pico más alto y finalmente comenzarán a bajar. Mientras, debes estar consciente de que al hacer esto, no corriste peligro alguno. También estarás pasando por el proceso con conciencia total de lo que te está ocurriendo, comprendiéndolo lógicamente.

Puede ocurrir que empieces a sentir el vendaval de pánico venir de nuevo luego de que bajó la intensidad. Esto se debe a que en tu sangre aún corren esas sustancias que producen excitación nerviosa. Debes esperar unos minutos para que desaparezcan, y mientras lo haces, muévete, brinca, canta, haz algo que te ayude a descargar energías y a terminar de drenar.

Al actuar de esta forma provocarás una especie de cortocircuito que bajará el interruptor del miedo. La parte racional de tu cerebro le estará enviando una señal a la parte emocional de tu cerebro. Le enseñará que en realidad no hay un peligro. El cerebro emocional apagará las señales de alarma y empezará a desestimar la idea de volverlas a encender.

La mayoría de las personas nunca más vuelve a tener un ataque de pánico después de practicar esta técnica dos o tres veces. Y cuando los ataques de pánico se van, significa que el nivel de ansiedad ahora se encuentra en una escala más baja.

## 2. SENSACIONES EN EL CORAZÓN

La mayoría de las personas que sufren ansiedad o ataques de pánico en algún momento han temido por la salud de su corazón. Esto se debe a que constantemente experimentan sensaciones como palpitaciones, taquicardias, vuelcos o cambios en el ritmo cardíaco.

Es probable que tú seas uno de los que ha acudido al médico para verificar la buena salud cardíaca y seguramente te hayan dicho que todo está en orden. Pero como sigues sintiendo estas extrañas palpitaciones y movimientos en tu pecho, incluso opresión, temes padecer alguna patología que el médico no ha podido diagnosticar.

## PALPITACIONES

Las palpitaciones son momentos en los que el corazón de repente comienza a latir más rápido de lo normal, por un período corto de tiempo. Esto te hace prender las alarmas porque crees que puede darte un infarto. Al empezar a sentir temor, quizás el corazón empieza a latir más rápido y entonces viene la taquicardia.

Debes saber que las palpitaciones son completamente naturales y le pasan a la mayoría de las personas. Algunas veces son ocasionadas por el agotamiento, otras veces por estimulantes como el café. Algunas veces simplemente el corazón busca cómo reacomodarse. No les tengas miedo a las palpitaciones. Tu corazón es un músculo muy fuerte y no va a detenerse o a explotar de repente solo porque tuviste una palpitación.

## VUELCOS O EXTRASÍSTOLES

Se trata de latidos perdidos, es decir, que de repente el ritmo cambia y hay un latido extra entre los latidos normales. Cuando sientes esto también puede ser que se excite más tu corazón y empiece a latir más rápido. Puede que te congeles de terror. Pero no temas. Generalmente este tipo de latidos son inofensivos.

Recuerda que tu corazón, por muy fuerte y sano que sea, no es una máquina perfecta, no es un reloj suizo. Algunas veces va a cambiar el ritmo. Se va a acelerar o se va a ralentizar. Tal vez tenga un latido de más o un latido de menos. No importa. No pasa nada. Son solo cambios normales que ocurren en los corazones de todos.

## QUÉ HACER ANTE LAS PALPITACIONES Y EXTRASÍSTOLES

Cuando aparecen las palpitaciones, las taquicardias o los extrasístoles, de inmediato vienen a tu mente las preguntas. "¿Qué pasaría... si mi corazón no deja de latir rápido y de repente se detiene?

Y la respuesta debe ser algo así como: "¡Y qué! Sé que mi corazón goza de buena salud. Solo está teniendo un momento diferente".

Lo importante es desactivar desde el Paso 1 el miedo inicial que viene cuando te preguntas qué pasaría. Simplemente resta importancia al asunto. Deja que tu corazón lata al ritmo que le parezca conveniente. No quieras tratar de controlar el ritmo de tu corazón. Deja que tu ritmo cardíaco fluya, suba y baje con tu corazón. Confía en él. Tu corazón sabe lo que hace.

De ahora en adelante puedes hacer un acuerdo verbal con tu corazón. Le vas a decir: "Corazón, confío en ti al 100%. Dejaré que hagas lo que más te convenga hacer". Al permitir a tu corazón hacer lo que le provoque, te liberarás de la ansiedad que produce el estar comprobando tus latidos.

En caso de que estas palpitaciones se quieran convertir en sensación de pánico o en un posible ataque de pánico, ya sabes lo que debes hacer. Corre hacia el ataque de pánico. Emociónate y pídele que te dé más. Luego que hayas desactivado el miedo activa el Paso 4. Continúa con lo que estabas haciendo. Ocúpate en algo. Deja a tu corazón ser y estar. No compruebes tu pulso, no compruebes tus palpitaciones. Tu vida sigue aunque tu corazón esté haciendo cosas que te parecen extrañas.

## 3. RESPIRACIÓN ANSIOSA – AHOGOS – OPRESIÓN

Cuando estás ansioso respiras mal pero no te das cuenta. Una forma inadecuada de respirar ocasiona toda clase de sensaciones. Ahogo, opresión en el pecho, mareos y muchas más. Cuando esto ocurre, empiezas a temer que vas a sufrir un infarto o que te asfixiarás al no lograr tomar el siguiente respiro.

Si llegas a hiperventilar, todos los "síntomas" se dispararán y es posible que desesperes. Pero no lo hagas. No vas a morir ahogado ni te dará un infarto.

## QUÉ HACER ANTE LA OPRESIÓN

La opresión en el pecho es una de las molestias más comunes entre las personas ansiosas. También lo es la opresión en la garganta, pero como todas las demás, estas molestias son inofensivas. Muchos dicen que sienten como si tuvieran un peso o una banda haciendo presión en su pecho. Otros dicen que sienten como si alguien les estuviera apretando el cuello.

La opresión en el pecho y la garganta son ocasionadas tanto por una inadecuada respiración como por problemas digestivos derivados del estrés. Si estás ansioso, los nervios tienden a "agarrarte" por el estómago. El estrés puede ocasionarte reflujos o malas digestiones. Esto produce el riego de que haya químicos en tu aparato digestivo.

Estas sustancias tocan los nervios que hay en esa área, y estos a su vez lanzan señales de dolor o incomodidad, que luego se irradian y se perciben como "dolor" u opresión en el pecho si ocurre en el estómago, y en caso de que sea en el esófago, como opresión en la garganta. Cuando te ocurre esto, tiendes a pensar que te estás ahogando o que hay algo malo con tu corazón. Pero no es más que el sistema digestivo enviando respuestas a los niveles de estrés que le inyectas.

Te podrías preguntar...

"¿Y si me da un ataque cardíaco?

¿Y si tengo una enfermedad en el corazón?

¿Qué pasaría si se me cierra tanto la garganta que me ahogo?".

Respuesta: "Y qué... Nada me ha pasado hasta ahora cuando he tenido esta sensación. No es mi corazón ni me voy a asfixiar. Solo es mi estómago".

A continuación, acepta las sensaciones y deja que estén allí... Al fin y al cabo no te harán nada. Puedes incluso ridiculizar, en el Paso 2, la visión que tienes de esas sensaciones. Llegará un punto en el que dejen de ser tan incómodas. Solo búrlate de ellas. Si les restas importancia, dejarás de estar tan tenso y ellas irán desapareciendo.

No te paralices creyendo que se te cerrará del todo la garganta o que tienes un infarto. Continúa con tu vida. Mañana seguirás estando allí y lo más probable es que ya no te sientas así.

# QUÉ HACER ANTE LA SENSACIÓN DE AHOGO E HIPERVENTILACIÓN

Las personas estresadas y ansiosas respiran mal. Su respiración es superficial. Tal vez no te das cuenta, pero cuando estás ansioso, respiras más rápido tomando aire con más frecuencia que una persona relajada. Esto hace que tu cerebro se llene de más oxígeno del que necesita y ocasiona un desbalance entre el oxígeno y el dióxido de carbono en tu sangre y en tu cerebro.

Ese desajuste enciende las ya conocidas alarmas y toda clase de sensaciones empiezan a molestarte. Sientes como que los pulmones no te están proporcionando el oxígeno que necesitas, aunque es todo lo contrario, estás llenando tu cerebro de más oxígeno del que necesita.

Este tipo de sensaciones hace que te mantengas comprobando la forma como respiras. Cuando tienes una respiración ansiosa puedes incluso llegar a hiperventilar, es decir, que tu respiración sea tan corta y tan rápida que ese desbalance del que te hablamos es mucho más violento y terminas estresándote aún más.

Pero insistimos, eso no te va a matar. Solo tienes que aprender a respirar correctamente.

Mientras tanto aplica el Paso 1 de inmediato cuando lleguen a tu cabeza los pensamientos. "¿Qué pasaría si... me desmayo por falta de oxígeno o si llega un punto en el que ya no puedo respirar?". No dejes que esto te preocupe. Podrías pasar horas y horas temiendo no poder respirar, pero créenos, siempre terminarás respirando.

La respuesta correcta debe ser algo así: "¡Y qué! Todas las veces que he hiperventilado no me he desmayado. Y si me desmayo alguien me recogerá o simplemente volveré a levantarme". Además, debes entender lo siguiente: no importa cuánto lo intentes, no vas a dejar de respirar.

La respiración no es voluntaria, por más que trates de aguantarla, no vas a lograrlo. Siempre terminarás respirando. La respiración es natural, ocurre sola, no necesita de ti.

Al convencerte de lo anterior, podrás seguir aplicando los pasos aunque tu respiración siga agitada, pero tener estos conocimientos te dará cierta tranquilidad y finalmente tendrás que relajarte o al menos mantener un nivel que no te lleve a sufrir un ataque de pánico debido a la hiperventilación.

Trata también de restarle importancia a este punto. Olvida la forma como respiras y continúa con tu vida, con las actividades que estabas haciendo (Paso 4).

De todas maneras, al final del libro agregamos algunos tips que pueden ayudarte con este y otros problemas. Pero mientras tanto, recuerda abordar cada ataque siguiendo los cuatro pasos.

## 4. DESMAYOS – MAREOS - VÉRTIGO

Los mareos y vértigos que experimentan las personas que tienen altos niveles de ansiedad o de pánico, generalmente son producidos por sus problemas de respiración. Es una de las molestias más incómodas porque te hace sentir vulnerable. Cuando estás mareado y sientes vértigos o inestabilidad, temes que puedes desmayarte. Te da la sensación de que puede ocurrir algo malo contigo cuando te encuentras en un lugar público rodeado de extraños.

La hiperventilación es uno de los principales detonadores de esta especie de desvanecimiento o inestabilidad. Incluso podrías llegar a querer evitar enfrentarte a ciertas situaciones porque sientes que algo malo puede pasarte mientras no estás en un sitio que consideres "seguro".

Ahora pon atención: es muy raro que una persona ansiosa que sienta estos mareos y desvanecimientos llegue a desmayarse. Los desmayos son también mecanismos de defensa para cuando una persona tiene la presión muy baja. El cuerpo cae al piso para que de esa manera el riego de sangre al cerebro sea más fácil.

No temas. Los desmayos son eventos extremadamente raros. Dudamos mucho que tu cerebro necesite más sangre de la que está corriendo por él, así que no tengas miedo de desmayarte. Esta sensación también se debe a que hay mucha adrenalina y hormonas de estrés fluyendo por tu torrente sanguíneo, pues tu cerebro ansioso piensa que hay una amenaza. Pero ya sabes que no hay tal amenaza.

Volviendo a hablar de nuestro amigo, el hombre prehistórico, imagina que él se hubiese desmayado cada vez que su sangre corría más rápido o que su adrenalina estaba a millón porque se sentía amenazado. La historia de la humanidad hubiese sido distinta. Los humanos no hubiesen sobrevivido entonces si se desmayaban a cada rato.

## QUÉ HACER ANTE EL TEMOR A DESMAYAR

Cuando te sientas mareado, débil, aturdido, vengan los pensamientos perjudiciales y empieces a asustarte porque crees que te vas a desmayar, inmediatamente desactívalos con una rotunda respuesta: "Y qué... Si me desmayo, me desmayo. No lo podría evitar. En un rato volveré a despertar".

Si la sensación de mareo es muy fuerte, te recomendamos que busques un sitio donde sentarte para que te estabilices. Si te sientes mareado o con vértigos mientras estás manejando, siempre es buena idea detenerse un rato para tratar de estabilizarte y orientarte antes de seguir conduciendo.

Mientras tanto, acepta estas sensaciones diciendo algo como: "Permito a mi cuerpo sentirse mareado".
Cuando el temor a desmayarte es persistente y te está llevando a un posible ataque de pánico, entonces debes emocionarte junto a esa sensación, igual como te recomendamos antes para los ataques de pánico.

Reta a tu ansiedad. Dile que te haga desmayar. Pídeselo, dile algo así como:

"¿Me vas a hacer más débil? OK. Hazme desmayar ahora. ¡Vamos! Hazme desmayar".

En este momento también puedes tenderte en el piso. Por supuesto que no vas a perder el conocimiento. Entonces sigue retando a tu ansiedad: "¿No me vas a hacer desmayar? Pues me levantaré y seguiré con mi vida".

Está claro que tu ansiedad no te va a hacer desmayar, por más que se lo pidas. El miedo terminará esfumándose al practicarlo varias veces.

Luego de hacer esto debes empezar a ocuparte de nuevo, mantener tu interés en algo útil, seguir con tu vida aunque te sientas un poco mareado, siempre y cuando el mareo no represente un riesgo para esa actividad (conducir, por ejemplo). En estos casos, ya sabes, detente un momento para estabilizarte y luego sigue.

Atención: Es importante que no evites las situaciones en las que comúnmente empiezas a sentir mareos o desvanecimiento. Sigue haciendo esas actividades aunque te dé miedo. No las evites, continúa con tu vida.

## 5. NÁUSEAS

Ya hemos mencionado que la ansiedad tiene un gran impacto sobre el sistema digestivo y sobre la región abdominal. En algunas ocasiones, las personas ansiosas pueden sentir como un nerviosismo en la boca del estómago, algo así como cuando hablamos de "mariposas en el estómago". Muchas veces, esta molestia nos produce miedo a vomitar y el temor aumenta aún más la sensación de náuseas, haciendo aún más probable que vomites.

Seguramente este miedo a vomitar y estas náuseas son más intensos cuando te encuentras lejos de tu casa. En tu casa te sientes más seguro y piensas que puedes simplemente ir al inodoro y vomitar. Hay menos estrés por este tema y simplemente no temes. Al no temer, el estómago se relaja. En cambio, si estás en otros lugares o situaciones tu miedo aumenta porque las ganas de vomitar representan una molestia mucho más grande e incómoda. En todo caso, te diremos lo de siempre: vomitar o tener náuseas no es un peligro. No te va a mata, y si vomitas no es el fin del mundo.

## QUÉ HACER ANTE EL MIEDO A VOMITAR

Ya sabes que lo primero es eliminar los pensamientos de "¿Qué pasaría?".

Quizás te vengan a la mente ideas como... "¿Qué pasaría si vomito?". Tumba ese temor con respuestas como esta: "No importa. Aquí tengo una bolsa en la que puedo vomitar si lo necesito. O iré al lavabo a salir de eso de una vez. No es gran cosa, a todo el mundo le dan ganas de vomitar".

Luego de esto, permite que esa sensación fluya en tu estómago de la manera que desee. No te resistas a la sensación. De esta manera bajará el nivel de estrés, y es muy probable que tu estómago se relaje y deje de enviar esas ganas de vomitar a tu cerebro y que los músculos abdominales empiecen a relajarse y las náuseas disminuyan.

Si aún haciendo esto sigues preocupado por tener ganas de vomitar, utiliza esta ya conocida y valiosa herramienta: Reta a tu ansiedad. Pídele hacerte vomitar. Al principio puede ser necesario que lleves contigo una bolsa de papel en la que puedas vomitar en caso de que sea necesario. Es muy probable que nunca llegues a utilizarla, pero el hecho de tenerla allí te va a dar cierta relajación.

Lo cierto es que vomites o no, luego debes continuar con tu vida y retomar las tareas que estabas haciendo. Recuerda, no le prestes importancia a estos episodios. A medida que te vayas relajando y perdiendo los temores y las angustias, esa sensación desaparecerá para siempre.

## OTRAS SENSACIONES Y SÍNTOMAS

A continuación te presentaremos otra serie de sensaciones, "síntomas", molestias y respuestas que tu cuerpo experimenta cuando sufres de ansiedad o ataques de pánico. En los puntos anteriores ya pudiste ver cómo debes aplicar los cuatro pasos cuando se presentan estas molestias. Básicamente se trata de lo mismo, pero quisimos desglosar las más importantes para que tengas una idea más clara de cómo hacerlo.

Sin embargo, estas otras molestias de las que hablaremos en adelante solo te las vamos a explicar para que entiendas por qué te ocurren, aunque agregaremos breves consejos. Pero a estas alturas ya debes saber exactamente qué hacer cuando aparezcan estos y otros síntomas. Simplemente tienes que aplicar los cuatro pasos adecuando las frases, ideas y respuestas a la molestia que quieras tratar.

Queremos presentar esta explicación adicional para que tu mente lógica comprenda el mecanismo que te lleva a experimentar esas extrañas sensaciones. Teniendo más conciencia de ello se relajará la parte emocional de tu mente e irás perdiendo el temor a sentir cualquier achaque.

## TENSIÓN MUSCULAR - TEMBLORES

Cuando tu cuerpo se prepara para luchar o huir, los músculos se ponen tensos. Sobre todo los del cuello y los de la parte superior de tu cuerpo.

Como finalmente no haces ningún esfuerzo físico, esta tensión queda atrapada en tus músculos por demasiado tiempo, haciendo que tu cuerpo se sienta tenso, rígido. Incluso algunas veces los músculos empiezan a sacudirse o a temblar. Pero tranquilo, ya sabes que solo es una reacción al exceso de adrenalina.

Puedes tratar de estirarte. Caminar, agitarte un poco para liberar la energía acumulada. También es positivo realizarte automasajes o pedirle a alguien que te haga masajes para la relajación muscular. Puedes buscar tutoriales al respecto en internet.

## SUDORACIÓN

La sudoración es un mecanismo para mantener fresco a nuestro cuerpo. En una situación de lucha o huida, tu cuerpo necesita mantener una temperatura adecuada para no sobrecalentarse a la hora de escapar o enfrentar un peligro.

Lo malo es que como se trata de una falsa alarma, empiezas a acumular sudor innecesariamente y esto incluso puede hacerte pasar cierta vergüenza social, cuando se hace notorio. Y se puede convertir en un círculo vicioso, porque la angustia de estar sudando puede hacerte sentir más nervioso y provocar más sudoración aún. Debes relajarte. Trata de refrescarte y no pienses mucho en eso.

## MUCHAS GANAS DE IR AL BAÑO

Las personas ansiosas sienten con más frecuencia ganas de ir al baño. Puede parecer muy extraño, pero también es un mecanismo de defensa y de supervivencia. Cuando una persona, como nuestro amigo prehistórico, tenía que salir corriendo para huir de una amenaza, necesitaba ir lo más ligero posible y descargar todo el peso innecesario en su cuerpo.

La respuesta es que se disparan las ganas de hacer pipí o incluso de evacuar. Es por eso que cuando tenemos miedo o nervios, nos atacan las ganas de ir al baño. Claro que tú no necesitas descargar nada porque no estás en una amenaza real. Pero al final también es inofensivo, aunque un poco molesto. Trata de relajarte y sacudir los miedos para que esto no te pase.

## DIFICULTAD PARA TRAGAR

Ya te dijimos que la ansiedad puede ocasionar una sensación de opresión en la región del cuello. Este nudo en la garganta en muchos casos dificulta la deglución, es decir, te hace más difícil tragar al tratar de beber o comer.

Dentro de la garganta hay una musculatura, y si estás estresado y tenso, esos músculos también están estresados y tensos. Por eso tienes esa sensación como si algo estuviera ahorcándote. Como en todo lo demás, la clave para esto es relajarte.

Si este nudo en la garganta representa un problema muy molesto para ti a la hora de comer, prueba a hacer lo siguiente. Mastica, mastica y mastica. Al final la deglución, es decir, el acto de tragar, es un reflejo natural por lo que sin duda terminarás tragando. Tu garganta no se va a cerrar hasta el punto de no dejarte comer.

Recuerda que siempre debes tratar de relajarte. Ya sabes que esa opresión no es una enfermedad. Un buen ejercicio para soltar la tensión es cantar mucho. Cantar y cantar para que disminuya la tensión muscular alrededor del cuello y la garganta.

## CEFALEAS (DOLOR DE CABEZA) - MIGRAÑA

Los niveles altos de ansiedad y estrés provocan dolores de cabeza que pueden convertirse en migrañas. Cuando decimos migraña nos referimos a un dolor de cabeza que se siente con mucha más intensidad y que te hace más sensible a la luz, a los sonidos y a los movimientos.

Por ejemplo, si trabajas frente a la computadora, la migraña se puede desatar debido a que fijas constantemente la vista en las luces del monitor.

Los dolores de cabeza del tipo tensional son los más comunes. Estos dolores son ocasionados por el endurecimiento de los músculos de tu cuello, de tu cabeza y de la parte superior de tu espalda. Las personas con migraña crónica generalmente también sufren de estrés, ansiedad e incluso trastornos depresivos.

La ansiedad puede disparar las cefaleas tensionales porque al mantenerte en estrés y angustia, la tensión muscular siempre está presente.
Aunque es el médico quien debe darte instrucciones sobre qué hacer ante persistentes dolores de cabeza o ataques de migraña, te recomendamos probar a hacerte masajes suaves con la yema de los dedos en el cuero cabelludo y también en la parte posterior de tu cuello para que liberes la tensión que está irradiando dolor a tu cabeza.

## VISIÓN BORROSA

Las situaciones de estrés, miedo, ansiedad y pánico hacen que las pupilas se dilaten rápidamente. Esto ocasiona la visión borrosa, aunque esta también puede ser resultado de fatiga visual, en caso de que fuerces la vista por mucho tiempo o cuando los músculos de los ojos comienzan a perder elasticidad con la edad.

La ansiedad con frecuencia provoca visión borrosa, pero si esta se presenta con otros síntomas como lagrimeo o descarga de secreciones, debes hacerte un examen de la vista con un médico.

Recuerda que cuando vives un estado ansioso tiendes a cansarte más. La vista también se cansa, por lo que puede producirse la visión borrosa. Actualmente, muchas personas fuerzan de más su vista debido a sus trabajos al frente de una computadora.

Si eres una persona ansiosa y trabajas frente a una computadora, es muy probable que tengas visión borrosa. Te recomendamos que cuando sientas que estás forzando mucho la vista, trates de relajarte un poco, cierres los ojos y los dejes descansar por unos pocos minutos y luego continúes con lo que estabas haciendo.

## PIERNAS DÉBILES O TEMBLOROSAS

Otra de las extrañas experiencias que trae consigo la ansiedad es la sensación de que tus piernas son como de gelatina. Sientes que se vuelven frágiles, débiles. Te da la sensación de que pueden doblarse y hacerte caer.

Esto se debe a la adrenalina que se libera en tu cuerpo. El exceso de esta sustancia puede imprimir una sensación de debilidad en los músculos, sobre todo en los de las piernas. Cuando las personas están nerviosas tienden a sentir que no pueden levantarse, que sus piernas no tienen la fuerza suficiente para mantenerlas de pie.

Pero es todo lo contrario. Es una señal de que tus piernas están siendo preparadas para que se muevan, para que corras, huyas o lo que sea. Por eso no debes temer al hecho de levantarte y caminar. Si estás caminando y empiezas a sentir las piernas de gelatina, sigue caminando. Sigue en pie. No es necesario que busques un lugar para sentarte, porque si lo haces reforzarás la idea de que tus piernas están débiles.

Tienes que practicar esta parte y seguir caminando. No importa si sientes que las piernas están débiles o que te fallarán en cualquier momento y te harán caer.

Cuanto más lo hagas, más se enterará tu cerebro de que en verdad tus piernas están preparadas para sostenerte todo lo que quieras.

## HORMIGUEOS - PINCHAZOS

Los hormigueos suelen presentarse al principio de los ataques de pánico, aunque también aparecen simplemente cuando estás ansioso. Se trata de una rara sensación como si pequeñas agujas pincharan por todas partes tu cuerpo.

En medicina esto se llama parestesia. Debes saber que este fenómeno no es peligroso y no tiene ningún efecto físico, así que no te alarmes. Es perfectamente natural, y cuando tus niveles de ansiedad ya estén bajos, desaparecerá.

## SEGUNDO: ALTERACIONES MENTALES

Todas las sensaciones, angustias, pensamientos negativos recurrentes, estados de zozobra, miedo o amenazas falsas que experimentas cuando sufres de ansiedad, agotan tu mente.

En esta parte de nuestro libro aprenderás que todas las alteraciones mentales, esos miedos a perder el control, esos pensamientos negativos y catastróficos que revolotean por tu mente una y otra vez, no son señales de una enfermedad psiquiátrica ni nada parecido.

Es simplemente que tu mente se encuentra muy agotada y envía respuestas y señales equivocadas, al igual que lo hace tu cuerpo ante el estímulo del miedo.

Pensamientos recurrentes y catastróficos vienen y van. Empiezas a sentir temor de perder el control, de volverte loco. Empiezas a sentir desesperación al pensar que estarás así para siempre. Temes que quizás termines en el manicomio.

Vienen los pensamientos hipocondríacos, crees que estás enfermo y que puedes morir. Tal vez te deprimas. Te sientes triste, agobiado y sin esperanzas. Te da miedo salir y hacer las actividades que antes hacías normalmente.

Ves el mundo de una manera distinta: las luces, los colores, las personas, todo te parece diferente. Te sientes como atrapado dentro de un mundo irreal. A veces parece que no te conocieras a ti mismo, que eres un extraño para ti mismo.

Sabemos lo desagradable y devastador que puede ser. Pero no te preocupes. Ten en cuenta que todo esto es producto de una mente angustiada y cansada.

Cuando vengan a tu mente preguntas como "¿Y si me vuelvo loco y me encierran en un manicomio?", no permitas darte una respuesta caótica. Aplica el método. Sigue los pasos. Crea una respuesta que derrumbe ese miedo y esa desesperanza.

Puede ser un chiste sobre tu locura, sobre tu camisa de fuerza o cualquier otra cosa que le reste importancia al asunto.

Recuerda que también debes emocionarte y correr hacia las sensaciones, por más molestas que estas sean. Si es necesario, reta a tu ansiedad a volverte "más loco". No lo logrará. No perderás el control ni te encerrarán. Sigue los cuatro pasos y todo esto se irá desvaneciendo.
Igual que en la parte anterior, a continuación vamos a describir algunas de las sensaciones o alteraciones que más frecuentemente "atacan" la mente cuando estás en un estado ansioso. Esta información sirve para que comprendas cuál es su naturaleza y te des cuenta de que no es nada grave y que todo tiene solución.

Te daremos algunas recomendaciones para cuando se presenten estas situaciones, pero no lo olvides: si cumples con el método, tu grado de ansiedad bajará hasta que te normalices y todas estas molestias serán cosa del pasado.

# 1. PREOCUPACIÓN ANTICIPADA

Seguramente desde que te encuentras en un estado ansioso, todo el tiempo estás preocupándote por adelantado y te anticipas a cualquier evento que pueda ocurrir. Te preocupas de más, porque piensas mucho. Te adelantas a lo que vas a hacer mañana y sientes temor de imprevistos que no existen y que probablemente no se presentarán.

Sientes angustia por cada paso que vas a dar y te llenas de dudas. Por ejemplo, supón que estás fuera de casa, en alguna actividad de trabajo o social. Todo marcha bien, pero es posible que te lleve un poco más de tiempo del que habías calculado.

Entonces se desatan las preocupaciones adelantadas. "¿Y si se va el último autobús? Y si no encuentro taxi, ¿cómo voy a regresar a casa?". Piensas en tomar decisiones apresuradas como irte antes de culminar lo que hacías. O cumples con tu actividad sin ninguna serenidad porque te estás adelantando a los acontecimientos.

Volvamos al mecanismo de lucha y huida de nuestro amigo prehistórico. Se supone que algo lo estaba amenazando, por lo que debía estar alerta ante cualquier eventualidad que pudiera presentarse mientras se ocupaba de sobrevivir huyendo o luchando.

Lo mismo te ocurre. Tus mecanismos de defensa se encuentran en alerta y tu mente tiende a anticipar cualquier situación que pueda ocurrir. Pero ya sabes que no te encuentras bajo amenaza, así que todos esos pensamientos son infundados. Seguro que ya lo sabes: estos pensamientos no son perjudiciales, lo único que hacen es sostener tu estado ansioso. Pero a medida que la ansiedad vaya bajando, la preocupación absurda desaparecerá.

Mientras tanto, haz frente a estas preocupaciones ofreciéndoles respuestas que las derrumben. "No puedo preocuparme por todo. Es absurdo". Búrlate de las preocupaciones adelantadas con frases absurdas como esta: "¿Y si me cae un meteorito encima cuando camino a casa?".

Más temprano que tarde dejarán de perturbarte.

## 2. MIEDO A PERDER EL CONTROL

Después de haber sufrido ataques de pánico, de haber mantenido tu mente ocupada con pensamientos de catástrofe y haber experimentado toda clase de extrañas sensaciones, empiezas a temer lo peor: sientes que puedes perder el control de tu propia mente.

Tal vez te da miedo terminar cometiendo un acto descabellado, como matar a alguien o chocar tu auto contra una pared. De repente viene a tu cabeza la idea de que podrías salir y gritar como loco en la calle o salir corriendo sin ningún motivo.

Surge la nefasta idea de que tal vez termines en el manicomio y que al final ni tú mismo sabrás quién eres. Cree lo que vamos a decirte: no vas a perder el control ni vas a parar en el manicomio. No vas a cometer ningún acto descabellado.

Cuando te sientas así, debes poner tu mente en reposo. Descansa la mente, no te atormentes con esos temores. Debes entender la razón de esos miedos. Tú sientes que tu cuerpo está fuera de control. Gracias a las hormonas de estrés en tu sistema, has estado sufriendo toda clase de sensaciones. Por ello, crees que la mente también va a escapar de tu control, así como tu cuerpo está "descontrolado".

Una manera clara de que sepas que no perderás el control, es revisar lo que ha ocurrido hasta ahora. Lo más seguro es que hayas experimentado ataques de pánico, temblores, miedos y toda clase de achaques estando en público. Pero en esos momentos, nadie a tu alrededor se dio cuenta de que tenías un problema. Supiste mantener una conducta social adecuada cuando eso te ocurría. Tuviste el control de tus actos.

Y así seguirás. Repite siempre en tu cabeza: "Yo estoy en control de mi mente y de mi vida". Cuando tus niveles de ansiedad bajen, recordarás esta fase como un chiste.

## 3. PENSAMIENTOS CATASTRÓFICOS

Dentro de las crisis de ansiedad es muy común que las personas tengan pensamientos oscuros, catastróficos, como que algo muy malo está por pasar. Es común preocuparse de más cuando se presentan situaciones que antes no merecían siquiera un poquito de angustia.

Por ejemplo, pierdes el contacto con un ser querido por unos minutos y de inmediato empiezas a pensar que algo muy malo le puede haber pasado. También pueden llegar a tu cabeza pensamientos macabros en ciertas situaciones. Supón que estás esperando el metro en el andén y de pronto te imaginas lanzándote a los rieles o contra el vagón en movimiento.

Tal vez estás manejando y sientes que puedes sufrir un mortal accidente. O estás calentando algo en el microondas y piensas que puede explotar.

No hagas caso a estos pensamientos, quítales importancia, desestímalos. No sirven de nada y son inofensivos. Lo único que hacen es perpetuar tus miedos, si es que se los permites.

Túmbalos con una respuesta adecuada. "Ya estoy aburrido de todos estos pensamientos catastróficos y temerosos. No sirven para nada, son falsos, son irreales". O algo como esto: "Ansiedad, eres bienvenida. Si te hace más feliz enviarme esos pensamientos oscuros y catastróficos, hazlo. Ya sé que no pueden dañarme". Con el paso del tiempo y la práctica del método, dejarán de atacarte estas ideas locas. Lo sabemos porque ya estuvimos allí.

## 4. DEPRESIÓN

Cuando la ansiedad te desespera tanto que caes en un estado de depresión, lo importante es que no te paralices frente a la tristeza. El agotamiento físico y mental de una persona con trastorno de ansiedad la hace más propensa a perder la animosidad.

Al visualizar un presente y un futuro llenos de preocupación y de incertidumbre, puedes volverte muy vulnerable a caer en estados depresivos.

Una vez que empieces a poner en práctica el método que te estamos enseñando y tus niveles de ansiedad empiecen a bajar, te aseguramos que si habías caído en depresión, podrás salir de ella. Porque vas a ver una luz al final del túnel.

Siempre debes aplicar los cuatro pasos, y estos también sirven para enfrentar los sentimientos depresivos y tristes. No dejes de lanzar respuestas felices, prácticas ingeniosas que derrumben los pensamientos ansiosos y depresivos. Repite frases e ideas alegres en tu mente o en voz alta.

"Soy feliz, mi vida es plena, tengo el control de ella y cada vez me siento mejor". Da igual si sientes que es una falsa afirmación. Convéncete de que es cierto, al repetirlo una y otra vez.

Debes tener en cuenta que dentro de la crisis de ansiedad, la depresión suele ser una tristeza falsa. En verdad no hay un motivo real para que te encuentres así. Anímate.

## 5. SENSACIÓN DE IRREALIDAD

Muchos coincidirán en que la sensación de irrealidad, después de los ataques de pánico, es la molestia más difícil de sobrellevar dentro de las crisis ansiosas.

Debido a una falta de sincronía generada por el estrés, cambia la forma como percibimos el mundo. Es como si una niebla distorsionara la manera como tus sentidos perciben la realidad y cómo te percibes a ti mismo. Algunos la describen como si estuvieran viendo el mundo a través de un velo.

Esta sensación puede ser recurrente, persistente e incluso permanente. Hay quienes han pasado días y hasta semanas sumidos en una sensación de irrealidad. Sabemos lo angustiante que puede ser. Sientes que algo está desajustado en tu cerebro y no te permite ver las cosas como realmente son, como si no formaras parte del mundo exterior.

En algún momento te debe haber pasado que estabas interactuando con una persona cercana a ti, un familiar o un amigo, y de repente sientes como que te cambian el canal, como que algo se movió y ya no ves a esta persona como alguien familiar sino que la percibes como alguien ajeno. Miras tu entorno y te parece que también es ajeno. Te percibes a ti mismo como algo extraño y ajeno.

Hay dos elementos que disparan este fenómeno. Primero, que estás ansioso, angustiado, preocupado. Tu química cerebral está alborotada y la hormona de estrés permanece en tu sistema. Segundo, que, debido a ese cambio químico, hay un retraso en la transmisión de la información desde tus sentidos hacia los neurotransmisores de tu cerebro y de tu cuerpo. Hay un retraso en este proceso y se genera una falta de sincronía entre las sensaciones y las percepciones.

Es algo parecido a cuando las personas están ebrias o han consumido marihuana. Estas sustancias las "ralentizan". Ven todo más lento, diferente. Pero en esos casos, ellas no reaccionan con temor porque saben que son esos estimulantes los que los hacen percibir la realidad distorsionada.

En cambio, cuando te llega la sensación, tú no sabes que hay un ligero e inofensivo retraso en tu percepción y por eso te preocupas pensando que tienes algún daño cerebral y te mortificas con la idea de estar así para siempre. Lo más importante es que sepas que la sensación de irrealidad o despersonalización no te causa más daño que los temores y las incomodidades que trae consigo.

Lo peor que puedes hacer es prestarle mucha atención. No te resistas y acéptalo. Déjalo estar. Aplica los cuatro pasos con paciencia. Cuanto más trates de comprobar de qué forma estás percibiendo las sensaciones y señales que vienen del mundo exterior o más verifiques cómo te ves a ti mismo, más te va a engañar tu ansiedad y más va a permanecer en tu cerebro este pequeño desajuste.

A medida que bajan los niveles de ansiedad y que tu sistema se libere de las hormonas del estrés, tus sentidos comenzarán enviar la información con la sincronía de siempre y empezarás a percibir el mundo como siempre lo hiciste.

No te esfuerces en tratar de quitarte el "velo" que te nubla los sentidos, pues esto genera mayor angustia y estrés y termina dándole largas a eso de lo que te quieres deshacer. Olvídalo, no tiene ninguna importancia. Y así como a los ebrios se les "pasa el efecto", a ti también se te pasará, en cuanto hayas conseguido serenidad. Entonces el velo se disipará.

## 6. INSOMNIO

Qué fácil es sufrir de insomnio cuando atravesamos las crisis ansiosas. Las preocupaciones y los malestares físicos producen insomnio, el insomnio produce preocupación y agotamiento físico. Se trata de un terrible círculo vicioso. Pero este ciclo se puede romper.

Al padecer de insomnio, el dormir se convierte en una obligación que nos genera estrés. Por eso la idea principal es no forzar el sueño, no sentir presión por dormir. Solo tienes que dejar que suceda lo que suceda. Cuando vayas a la cama considéralo como una nueva oportunidad para dormir, no lo veas como que estás obligado a dormir. Si te acuestas con esa preocupación, se dispararán tus niveles de ansiedad y más difícil será conciliar el sueño.

Si te mortificas pensando: ¿Y si no logro dormir esta noche? Estaré muy cansado por la mañana". Puedes repetir frases como esta: "Me acostaré. Si logro dormir sería genial, pero si no lo logro, no será el fin del mundo. Sobreviviré". No te frustres ni sientas rabia cuando pases la noche en vela, porque esto aumentará tu estrés cada noche. Tómalo con calma, nadie sufre de insomnio para siempre.

Reta a tu insomnio diciendo: "Esta noche me quedaré despierto todo lo que pueda, gracias, insomnio". Inténtalo, trata de aguantar lo más que puedas. Lo más probable es que en algún momento caigas dormido.

Recomendaciones contra el insomnio:

- Cuando vayas a la cama no pienses en las actividades que debes cumplir al día siguiente, limítate a respirar relajadamente.

- Toma un baño caliente con gotas de lavanda u otro aroma relajante antes de dormir. Te ayudará a relajar los músculos.

- Toma 300 miligramos de magnesio antes de acostarte. Ayuda a mejorar el sueño y la salud en general.

- Ajusta la temperatura de tu habitación al nivel que te sea más confortable.

- Si tu mente está muy excitada, trata de leer un rato antes de apagar la luz.

- Utiliza una máscara de dormir para cubrir tus ojos. Los ansiosos son más sensibles a la luz que el resto de las personas.

- Si despiertas en medio de la noche no abandones la cama, pues le darás a tu cabeza la señal de que ya terminó la hora de dormir. Permanece allí lo más relajado posible.

- Si estás muy alterado u obsesionado sobre eventos pendientes del día siguiente, enciende la luz por un momento y toma nota de tus preocupaciones. De esta forma liberarás energía mental y estrés.

- Consigue en internet videos tutoriales sobre respiración para relajarse. Estos ejercicios ayudan a conseguir tranquilidad cuando estás tumbado en la oscuridad.

Si estas teniendo problemas para dormir, hemos preparado unas herramientas adicionales para ayudarte.

## Visita: www.alcanzatussuenos.com/ansiedad

Recibirás de inmediato un ejercicio para ayudarte a dormir mejor.

# PARTE 3. CÓMO ENFRENTAR LAS FOBIAS Y MIEDOS

Durante la crisis de ansiedad es muy común que desarrolles miedos o fobias a situaciones y actividades particulares que antes te parecían normales, pero que ahora te atemorizan, por lo que las evitas a toda costa.

Algunas personas pueden empezar a sentir miedo de manejar, de estar en lugares muy concurridos, de viajar en avión, etcétera. Estos miedos no aparecen de la noche a la mañana, pero sí pueden dispararse a partir de un primer hecho que te produjo mucha ansiedad.

Es posible que hayas sufrido tu primer ataque de pánico mientras conducías tu auto. Entonces poco a poco empiezas a tenerle miedo al hecho de manejar. Otras personas pueden haber tenido una experiencia desagradable en un sitio muy concurrido, y cuando debe volver a estar en lugares con muchas personas, se sienten sumamente ansiosas. Hay quienes estuvieron siempre acostumbrados a estar solos, pero desde que sufren ansiedad le tienen miedo a la soledad.

Son muchas las fobias que pueden desarrollarse cuando estás ansioso, pero aquí vamos a repasar algunas que son muy comunes y veremos qué técnicas debes utilizar para volver a emprender esas tareas tan natural y tranquilamente como lo hacías antes.

El aspecto más importante que debes tomar en cuenta si estás padeciendo de alguna fobia, es que lo único que debes EVITAR a toda costa es la EVITACIÓN. Los miedos hay que enfrentarlos. Si evitas realizar esa actividad o estar en ese sitio que te da tanto miedo, estás reforzando el miedo. Muchas personas ansiosas buscan las excusas más insólitas para evadir la situación a la que le tienen tanto temor. Se crean una especie de zona de confort de la que no quieren salir. Si eres uno de ellos, debes saber esto: una zona de confort de la que no sales nunca, a la larga se convierte en una prisión. No seas prisionero de tus fobias.

A continuación te presentamos las técnicas que debes poner en práctica para dejar de ser prisionero de tus miedos. Sí tu fobia no aparece en este capítulo, no importa. Recuerda que todas las técnicas, métodos y consejos que aquí aportamos son aplicables a cualquier situación derivada de la ansiedad en la que te encuentres. Simplemente adapta nuestros consejos a tu caso.

## 1. MIEDO A CONDUCIR

Uno de los miedos más comunes entre las personas ansiosas es al hecho de manejar. Puede ser temor a quedar atrapado dentro del carro cuando el tráfico está congestionado o miedo a perder el control mientras se está al volante y ocasionar un accidente fatal.

Hay personas que han pasado años sin conducir un automóvil por estos temores. Imaginan que pueden sufrir un ataque de pánico o una crisis ansiosa y que esto podría distraerlos y hacerlos colisionar.

Lo paradójico es que la mayoría de las personas ansiosas suelen ser más cautelosas cuando manejan su auto que el resto de los conductores. Esto es precisamente porque los ansiosos tienen altos niveles de alerta sensorial, es decir, están mucho más pendientes de lo que ocurre a su alrededor y sus sentidos tienen mayor capacidad para captar todo mientras están manejando. Entonces, el primer punto que tienes que entender es que si siempre fuiste un buen conductor, el hecho de que ahora estés ansioso no te convierte en un mal conductor, y si alguna vez tuviste un accidente, eso tampoco significa que vayas a tener otro. Deja de preocuparte por eso.

La otra situación que mencionamos es el terror a quedarse atrapados en medio del tráfico, a que no haya forma de escapar. En este caso, lo más importante que debes tener en cuenta es que al fin y al cabo el tráfico va a terminar fluyendo. No quedará paralizado eternamente y siempre habrá una salida.

La primera tarea que debes emprender para eliminar para siempre la fobia a manejar es tomar el volante. Puedes empezar con una ruta muy corta y tranquila, por ejemplo en un estacionamiento o en una calle poco transitada un día domingo. Todo va a depender del grado de temor que te produzca la conducción. Seguramente cuando empieces a manejar aparecerán los síntomas de ansiedad y de pánico, y a tu cabeza llegarán las consabidas preguntas ansiosas.

"¿Qué pasaría si sufro un ataque mientras conduzco y me hace chocar?". O tal vez... ¿Qué pasaría si hay una avería en mi auto y quedo varado lejos de casa?". Podrías responder algo así como: "Y qué. Si sufro un ataque de pánico, ya sé cómo enfrentarlo". También puedes decirte: "Si mi auto queda varado, llamaré a un mecánico o una grúa para que me auxilie".

Ve lo más lejos que puedas, cada vez. Si sientes señales de pánico, de alerta o tienes pensamientos ansiosos, igual continúa tu camino. Derrumba esas ideas fatalistas con respuestas adecuadas. Permite a la ansiedad que te envíe todas las sensaciones que desee y acéptalas. Si no te resistes a esta excitación nerviosa mientras estás manejando, la alteración va a ir bajando sus niveles, porque al fin y al cabo no va a ocurrir nada, no vas a chocar y tal vez ni siquiera tengas un ataque de pánico. Ya a estas alturas lo sabes enfrentar. En caso de que te sientas mareado y débil, puedes detener el auto por unos minutos hasta estabilizarte y luego continuar.

Sigue cumpliendo con los cuatro pasos. Presta atención a todo lo que haces mientras manejas. Mira a los demás automóviles, toma el control de lo que estás haciendo y deja de dar importancia a los sentimientos y señales ansiosas que puedas estar experimentando. Recuerda que el objetivo no es que elimines esas sensaciones, sino que no les tengas miedo.

Importante: Si no sientes señales de ansiedad mientras estás conduciendo, es probable que no estés saliendo de tu zona de confort. Trata de ir lo más lejos que puedas cada vez que practiques. Las primeras veces puedes ir acompañado de otra persona si así lo deseas, pero después debes intentarlo tú solo. Rétate a ti mismo llevándote hasta el punto en que empieces a sentir síntomas de ansiedad, porque el objetivo de esta práctica es que seas capaz de ir al volante aunque experimentes sensaciones ansiosas. Es la única forma de superarlo.

Una herramienta que puedes utilizar para ayudarte y hacer más agradable este proceso es cantar. Añade música al Paso 3, emociónate cantando tus canciones favoritas para que te sientas más a gusto y liberes energía. Cumple los cuatro pasos hasta el final. Haz esta práctica hasta que sientas que puedes manejar sin importar que aparezcan síntomas ansiosos. ¡Tú puedes!

## 2. MIEDO A SITUACIONES DE LAS QUE "NO SE PUEDE ESCAPAR"

En esta parte nos referiremos a la fobia a quedar atrapados. Hay dos tipos de situaciones: aquellas de las que se puede salir, pero que estaría "mal visto" socialmente si huyeras (por ejemplo, reuniones de trabajo, misas, filas para pagar en el supermercado, cines, teatros), y aquellas en las que obligatoriamente debes esperar para poder salir (subir o bajar en el ascensor, viajar en el metro o en un autobús, volar en avión).

Ahora vamos a tratar solo el primer caso, es decir, cuando estás "socialmente atrapado". El verdadero temor en este tipo de situaciones no es exactamente el hecho de que quedes atorado, sino la vergüenza o estrés social que implicaría el "escapar" de ese sitio, ya que realmente no estás obligado a permanecer allí y nadie te tiene prisionero. Puedes abandonar el lugar si así lo deseas, pero esto significaría una conducta "reprobable" socialmente, por lo que sientes presión social y estrés.

Empiezas a hacer preguntas como: "¿Qué pensarán los demás si no aguanto y me voy de la reunión de repente?". Debes responder adecuadamente: "¡Y qué! Si quiero digo cualquier excusa y salgo, pues nadie me tiene encadenado aquí". Este tipo de respuestas no están dándote una excusa para evitar estar en esos aprietos o huir de ellos, sino que evitan generar más ansiedad y temores sin un motivo justificado.

Para trabajar este problema, pongamos el siguiente ejemplo. Imagina que estás en el salón de belleza o con el barbero. Sabes que debes permanecer sentado en esa silla mientras dure el servicio que te están haciendo, y eso te genera estrés y ansiedad.

Además de responder de manera adecuada a tus preguntas ansiosas, debes aceptar todas las señales que la adrenalina produzca en tu cuerpo. Aplaca la angustia diciendo internamente: "Si siento que debo salir de aquí, le diré al estilista que me disculpe un minuto para estirar las piernas. Qué importa lo que piense". Si al cabo de unos minutos la adrenalina empieza a alborotarse, no te resistas a las sensaciones que produzca. Tampoco debes mortificarte por si la persona que está arreglando tu cabello se da cuenta de que algo te pasa. Realmente no tiene importancia. Solo deja que pase el tiempo mientras aplicas los dos primeros pasos. Si ves que estás agitándote, entonces es hora de emocionarte y "correr" internamente al ritmo de tu ansiedad.

Puedes cerrar los ojos y burlarte mentalmente de la situación y de tus temores, imaginando que te levantas y bailas con todos los que están en el lugar. O cualquier otra idea divertida que se te ocurra. Mientras va bajando la intensidad, procura ocuparte en el paso cuatro, leyendo una revista o conversando con tu estilista. Lo importante es que el proceso siga su curso sin que te paralices ni escapes. La próxima vez será mucho más fácil.

## 3. MIEDO A QUEDAR FÍSICAMENTE ATRAPADO

Pero... ¿Y si en verdad estás físicamente atrapado? Si tienes que volar en avión, hacer un viaje largo por carretera, subir y bajar en elevador desde pisos altos, debes esperar al final del trayecto para "salir" de eso. Este es uno de los mayores temores de los ansiosos.

Enfoquemos esta parte con el ejemplo de viajar en avión. En este caso no es que puedas dar una excusa y escapar. Obligatoriamente debes esperar para salir de allí. Debemos aclarar que aquí no nos referimos al miedo a sufrir un accidente aéreo, sino al ataque de pánico por el hecho de estar atrapado dentro del avión.

Lo primero que debes hacer es planificar bien tu viaje. Si viajar en avión ya de por sí te pone nervioso, ansioso y estresado, no agregues más leña al fuego dejando todo para última hora. Evita correr en el aeropuerto e iniciar el vuelo con sobresaltos. Además, descansa muy bien y duerme lo suficiente durante la noche o las horas previas a tu viaje.

De esta forma no estarás fatigado, lo cual sería contraproducente, pues la fatiga física y mental contribuiría a disparar tu ansiedad durante el vuelo.
Anticipa cómo trasladarte al aeropuerto con tiempo suficiente. Empaca tus maletas con calma. Los momentos previos al viaje deben ser lo más relajados posibles.

Una vez que abordes el avión seguramente comenzarán las sensaciones ansiosas. No te resistas a ellas. Es más, debes viajar esperando y sabiendo que las alertas se encenderán, no debe ser una sorpresa para ti. El momento del despegue suele ser el más estresante para la mayoría de los viajeros.

Durante ese momento repite internamente: "Estoy emocionado de viajar en avión, me siento ilusionado por volar". Repítelo y en verdad emociónate, volar es realmente emocionante.

Cuando tu cabeza se inunda de pensamientos angustiantes y te preguntes si vendrá un ataque de pánico o una intensa crisis de ansiedad mientras estás "atrapado" en el avión, debes responderte: "Solo va a ser incómodo y desagradable, pero no me va a matar y al final desaparecerá".

Si te viene a la mente alguna preocupación por posibles turbulencias, responde así: "No importa. Si hay una turbulencia, pensaré que voy en una montaña rusa. Además, los aviones son vehículos muy seguros y los pilotos están preparados para eso y es algo habitual".

Al dispararse las sensaciones ansiosas, acéptalas con el conocimiento de que no pueden hacerte daño. Si la adrenalina sube tanto que te amenaza con un ataque de pánico, piensa esto: "Allí estás, pánico. Esperaba que te presentaras durante el vuelo. Bienvenido". Entonces debes emocionarte, exigirle más a tu ansiedad, pedir que te mande todas las señales que desee. Sabemos que no es fácil poner en práctica estas recomendaciones mientras estás estresado durante un vuelo.

Sabemos que hay muchas hormonas de estrés en tu sistema, pero mientras más te emociones y más le exijas al pánico en medio del vuelo, más confiado en ti mismo te sentirás, porque tú tendrás el poder y el control sobre tu ansiedad.

Si se trata de un viaje largo, las oleadas de adrenalina irán y vendrán varias veces. A medida que vayas enfrentando los ataques y siguiendo los cuatro pasos, irás recobrando la confianza, de manera que en el ataque siguiente tus miedos serán menores que en el anterior.

Cuando bajen los niveles de ansiedad, presta tu atención a algo importante o interesante, ocúpate con algo. Puedes leer algún libro o revista, ver una película, escuchar música relajante. La idea es que continúes como si nada pasara.

Cuando finalice el viaje te sentirás realizado y estarás mejor preparado para la próxima vez que debas abordar un avión, pues tu cerebro habrá comprendido que tampoco debe tenerle miedo a los ataques de pánico durante los vuelos y que aunque hayas de alguna manera estado "físicamente atrapado", esto no duró para siempre y llegaste a tu destino.

## 4. MIEDO A HABLAR EN PÚBLICO

Cuando decimos hablar en público no nos referimos solamente a hablar en un auditorio ante un gran número de personas, sino a cualquier situación en la que debas expresar oralmente tus ideas para un grupo.

Puede ser una reunión laboral, la presentación de un proyecto estudiantil, una entrevista de trabajo. Este tipo de situación puede poner muy nerviosa a una persona con ansiedad, pues le llena de temor sufrir un ataque durante el discurso. Puedes estresarte al pensar que tus espectadores noten que estás nervioso y piensen mal de ti. O que tus nervios entorpezcan tu forma de hablar.

Seguro te preguntas cómo aplicar los cuatro pasos de nuestro método mientras estás hablando frente a otras personas, sin tener tiempo ni espacio para mentalizarte, como en otras situaciones que hemos tratado anteriormente.

La primera recomendación es que prepares previamente una serie de preguntas ansiosas que podrían atacarte durante el evento y les des las respuestas pertinentes. De esta forma, antes del momento del discurso, ya tendrás en tu cabeza las respuestas que derrumben tus pensamientos caóticos.

Haz una lista de posibles preguntas y respuestas. Por ejemplo:

"¿Y si me da un ataque de pánico mientras todos me miran?". "No importa. No lo notarán porque utilizaré esa energía para darle énfasis a mis palabras".

"¿Y si notan que estoy nervioso?". "Y qué... Ellos alguna vez habrán estado tan nerviosos como yo y saben cómo es". "¿Y si me quedo en blanco y olvido lo que debo decir?". "Eso no pasará. Mi mente está alerta y muy despierta y tendrá toda la información a la mano".

En este caso, la variación en los pasos es que la aceptación debe ser previa al momento del discurso. Cuando llegues al lugar de tu presentación debes hacerlo aceptando y sabiendo que vas a estar ansioso. De esta manera no se disparará la ansiedad justo al momento de iniciar tus palabras, sino que ya estarás preparado para sentirte nervioso. No trates de mantener la calma y la compostura. No te resistas. El esfuerzo para tratar de tranquilizarte te hará sentir aun más excitado y angustiado.

Cuando aparezcan las sensaciones de ansiedad, déjalas fluir. Con el paso de algunos segundos todo comenzará a calmarse y te sentirás más cómodo. Si tienes un nudo en la garganta y tú corazón late muy rápido o sientes que se te puede quebrar la voz, utiliza esa energía de otra forma.

Canaliza las sensaciones para avivar tu discurso. Piensa que si estuvieras demasiado tranquilo y relajado, podrías parecer aburrido. Si transformas el nerviosismo y hablas con emoción y con énfasis, te verás más convencido de lo que estás diciendo y harás más interesante el momento. Gesticula con los brazos, camina y desplázate, no mires a una misma persona durante mucho rato.

Muévete. De esa forma liberas energía.

Esta canalización permitirá que tu energía se exteriorice como parte de tu discurso en vez de quedar atrapada dentro de ti atacando tu estómago o haciéndote sudar y temblar. Si mientras hablas los niveles de tus señales de alerta se vuelven demasiado altos, muévete con ellas.

Corre con las sensaciones. Durante las breves pausas entre oración y oración, aúpate internamente con pensamientos "flash" tipo: "¡Vamos!" o "¡Sigue así!". Aunque sientas que no puedes continuar, hazlo. ¡Sí puedes! Presiona internamente a tu ansiedad, pídele más (internamente) aunque sea durante fracciones de segundo.

Seguirle el ritmo a la ansiedad y a los temores, continuar hablando, dejar fluir la energía, desplazarte. Todos estos elementos lograrán, antes de que te des cuenta, irte relajando poco a poco.

Te debe parecer difícil manejar todas estas herramientas al mismo tiempo que hablas. Entiende que cada pensamiento interno lo debes manejar en fracciones de segundo. Siempre hay un momento para hacer esto. Créenos, tu mente está en capacidad de tener varios pensamientos sobre temas distintos a la vez que hablas.

Si prestas atención, verás que mientras hablas y miras a alguien, al mismo tiempo te puedes estar preguntando qué percepción tiene esa persona sobre ti o haces algún "comentario" mental sobre sus características físicas.

Mientras estás hablando, quizás te preguntas si el compañero de la esquina se está durmiendo o está distraído. En vez de enfocar tu mente en esos detalles, piensa en las respuestas que te ayudan a fluir junto a la ansiedad y a mejorar tu presentación.

No temas olvidar lo que debes decir o a quedar "colgado". Tu mente ansiosa está en actividad constante y tendrá siempre una salida o una conexión a otra idea nueva. Estás en alerta y los pensamientos son más fluidos, por lo que tienes mayor capacidad de respuesta. Cuando menos lo pienses, tu mensaje ya habrá acabado y todo quedará atrás. Ten confianza en ti mismo.

## 5. MIEDO A LOS MÉDICOS O A TOMARSE LA PRESIÓN

Los altos niveles de ansiedad hacen que algunas personas se obsesionen con su corazón. Cuando deben acudir al médico, se sienten muy angustiados. Si es tu caso, tal vez haya ocurrido que cuando miden tu presión arterial esta se encuentra elevada. Probablemente sea el llamado "síndrome de la bata blanca", y es simplemente eso, presión arterial elevada debido a la ansiedad por consultar al médico.

La recomendación en estos casos es que le expliques al especialista que estás pasando por una crisis ansiosa y que necesitas relajarte antes de hacer la medición.

Generalmente, el simple hecho de compartir esa información con el especialista te ayuda a liberar energías y a estar más relajado. Incluso, puedes comentar a tu médico sobre el método de los cuatro pasos. Los doctores siempre se interesan en estos temas. Al amenizar perderás miedo a la figura del médico y seguramente logren hacer una lectura precisa de tu presión arterial.

## 6. HIPOCONDRÍA Y MIEDO A MORIR

Las personas hipocondriacas suelen sufrir de ansiedad, pero también puede pasar que una persona ansiosa que experimenta muchos "síntomas extraños" empiece a parecer hipocondría.

La hipocondría es un trastorno que te lleva a sentir un miedo desmedido a las enfermedades y a pensar que cualquier mínima sensación o cambio físico es indicio de una enfermedad. Los hipocondríacos generalmente se examinan con el médico una y otra vez para comprobar que no tienen nada. Sin embargo, siguen temiendo que hay algo que los doctores no han podido diagnosticar.

Es común que si sufres de ansiedad te vuelvas un poco hipocondríaco e incluso que empieces a temerle a la muerte. Te abruman pensamientos ansiosos como: "¿Por qué me duele la cabeza y me hormiguean los dedos? ¿Será un tumor en el cerebro?". Podrías responder: "Si cada vez que siento algo extraño significa que tengo un tumor, entonces soy el enfermo más resistente del mundo".

Pensar tanto en enfermedades y síntomas te puede llevar a tener un miedo mayor que el natural a morir. "¿Y si me da un infarto mientras duermo y muero?". Puedes decirte: "Bueno, al menos no me voy a dar cuenta". O: "Y qué, nadie se muere sino el día que le toca. Mientras tanto, disfrutaré de mi vida".

Olvida las enfermedades. Todo lo que sientes es producto del exceso de hormonas de estrés. Deja que las sensaciones vengan y vayan. A medida que pase el tiempo y veas que no "terminas de enfermar", acabarás desestimando esos temores. Respecto al terror a morir, debes saber que la muerte es algo inevitable. Y tú no puedes controlarlo. Sigue con tu vida sin preocuparte por algo que no está en tus manos.

Importante: Evita a toda costa buscar en internet información sobre los diferentes "síntomas" que se presenten. Los resultados te harán asustar más, porque casi cualquier sensación que aparezca, será parecida al síntoma de una enfermedad "real". No alimentes tus temores con material irrelevante que no te ayuda en nada.

# PARTE 4. RECOMENDACIONES PARA FORTALECER TU RECUPERACIÓN Y EVITAR RECAÍDAS

Estás cerca de terminar el viaje que emprendiste junto a nosotros. Si has seguido nuestros pasos y técnicas debes sentirte mucho más aliviado que cuando iniciaste la lectura del libro. Sabemos que la recuperación no es tan fácil y que no se dará de un día para el otro y entendemos que cada caso en particular debe tomarse el tiempo que necesite. Pero también sabemos que podemos confiar en que tienes la capacidad de recuperarte y que si llegaste hasta aquí, es seguro que has progresado.

Para seguir trazando tu buen camino, en este capítulo breve te daremos una serie de recomendaciones y herramientas que debes utilizar para reforzar todo lo que te hemos enseñado hasta ahora.

### RECOMENDACIONES

1. Cumple con los cuatro pasos para cada situación, pero no seas rígido. **Adapta las técnicas** a tu propia personalidad y dale un enfoque divertido al método. Juega con los pasos, imprímele humor a tu sanación.

2. Da **"pasos de bebé"**. No trates de ir demasiado rápido. No hagas los cambios bruscamente. Recuerda que siempre el más importante de todos es el primer paso. Si logras un primer paso, los demás se te harán más fáciles.

3. Busca una **persona que te apoye**. Si al principio te sientes

incapacitado para enfrentar tu ansiedad por ti mismo o para salir a solas de tu zona de confort, puedes buscar una persona de tu confianza para que te apoye y te dé ánimos a seguir adelante. Puede ser tu pareja, un amigo, un terapeuta. De esta forma te sentirás más cómodo, pero recuerda que no debes acostumbrarte a tener una muleta todo el tiempo contigo. Más temprano que tarde debes hacerlo por ti mismo.

4. **No te frustres** si sientes que no estás obteniendo resultados tan rápido como quisieras. La práctica continua y repetida del método finalmente te llevará a la recuperación. No lo fuerces ni te impacientes. La impaciencia genera ansiedad, debes tomarlo con calma.

5. No seas duro contigo mismo. **No te culpes** ni te avergüences por atravesar este difícil momento. Estás demostrando que eres fuerte y que dentro de ti hay un poder que no sabías que estaba allí. Utiliza esta experiencia para sentirte fortalecido. Superar la ansiedad no es de débiles.

6. **Suelta las muletas**. Con esto nos referimos a aquellas acciones, personas u objetos sin los cuales no te sientes del todo seguro. Por ejemplo: salir siempre acompañado; llevar calmantes por si te sientes ansioso; llamadas o mensajes a alguien que te dé sensación de seguridad; salir a toda costa con tu celular por si hay una emergencia; chequeos médicos repetitivos para comprobar que no estás enfermo. Al principio son útiles para ir saliendo de la zona de confort, pero debe llegar un momento en el que renuncies a ellos y aprendas a aceptar que tú mismo eres suficiente para brindarte la seguridad que necesitas.

7. **Ama**, perdona, agradece. Libérate de rencores y culpas. Estos dos últimos sentimientos pesan mucho y quitan tranquilidad, y tú necesitas tranquilidad. En cambio, perdonar te quita peso de encima y

te ayuda a vivir más relajadamente.

8. **Cuando estés apurado**, haz las cosas con más **calma** de lo habitual. El apuro te puede hacer torpe, y los resultados de la torpeza generan estrés. Cuando tengas prisa, haz las cosas con más cuidado y así lo resolverás más rápido y sin errores. Es una práctica anti estrés muy efectiva.

9. **Bebe mucha agua.** Aunque no lo creas, el agua impulsa el potencial de tu recuperación. No solo extingue la sed, beber agua también reduce significativamente los niveles de ansiedad. La mayoría de las funciones del cuerpo están relacionadas con el eficiente flujo de agua a través de nuestro sistema.

Es por medio del agua que se transportan las hormonas, nutrientes y sustancias químicas a través de nuestro cuerpo para sus funciones vitales. Está comprobado que si estás mal hidratado, con un leve déficit de solo dos vasos de agua, se disparan los niveles de cortisol, que es una de las hormonas del estrés.

Procura consumir 8 vasos de agua diarios, no uno detrás del otro sino administrados a lo largo del día.

10. **Cuida lo que comes.** Los síntomas de los ataques de pánico y ansiedad se parecen a los síntomas de niveles bajos de azúcar en la sangre. Por ello, para las personas ansiosas es recomendable mantener una dieta de bajo índice glucémico, es decir, alimentos que mantengan constantes los niveles de azúcar en la sangre.

Debes eliminar los alimentos altos en azúcar como chocolates, tortas, dulces, postres, refrescos y helados. No se trata de que te tortures eliminando todo lo que te gusta, sino tratar de equilibrarte. Incluye muchos vegetales que ayuden a purificar tu sistema.

11. **Evita el café y el licor**. La cafeína y el alcohol son sustancias estimulantes y pueden producir en ti sensaciones similares a las que

desatan tus hormonas del estrés. Evítalos lo más que puedas. Si eres asiduo bebedor de café, limita su consumo solo para las mañanas. En cuanto al alcohol, nunca lo ingieras en exceso. El alcohol es más difícil de eliminar de tu sistema y su abuso puede disparar los niveles de ansiedad.

12. **Haz ejercicio**. Mueve el cuerpo. No encontrarás una "píldora" anti depresión y anti ansiedad más efectiva que esta. Ejercitarte no solo es beneficioso para el cuerpo, sino también curativo para tu mente. Libera dopamina, serotonina y noradrenalina, que son los neurotransmisores encargados de regular los estados de ánimo. Está científicamente comprobado.

Realiza la disciplina que más te guste o que esté más a tu alcance. Recuerda siempre consultar al médico antes de hacer ejercicios intensos.

13. **¡Ríe!** La risa es una herramienta efectiva para romper los estados ansiosos. También está comprobado científicamente. Reír libera las hormonas de la "felicidad" y reduce los índices de las hormonas del estrés. Reduce la presión arterial, aumenta el flujo sanguíneo, te ayuda a resistir el dolor, oxigena y estimula el corazón, los pulmones y los músculos. Busca actividades divertidas, júntate con personas alegres y jocosas, mira shows o películas de comedia.

14. Para complementar el punto anterior, **aléjate** de los noticieros estresantes y de las personas **pesimistas y negativas** que solo ven el lado oscuro de las cosas. Y si no puedes evitar a ciertas personas con estas características, no te contagies de su mal genio y sus actitudes derrotistas. Busca siempre el lado positivo para todo.

16. Impulsa el potencial de tu recuperación de la ansiedad a través de **ejercicios guiados de respiración y relajación**. Practícalos a diario. Una de las principales causas de las señales ansiosas es la mala respiración.

Es muy importante que apliques las técnicas de relajación incluidas en el material complementario.

Si no lo has visto aun, solo ingresa tus datos en esta página para acceder:

## www.alcanzatussuenos.com/ansiedad

Si no tienes el tiempo o la disposición de acudir a sesiones de meditación, de yoga o cualquier disciplina que te ayude con este punto, siéntete libre de buscar videos tutoriales en internet. Hay una gran abundancia de material al respecto.

Escoge los que te parezcan más confiables.

Estos ejercicios proporcionan confort, reducen las tensiones y te relajan. Si lo haces con disciplina, al cabo de unas semanas tu cuerpo habrá aprendido a mantenerse en una sintonía diferente.

17. Limpia tu sistema de ansiolíticos. Si has acudido al psiquiatra o al psicólogo y te han recetado fármacos para sobrellevar la ansiedad, debes tener en cuenta esto: No existen pastillas mágicas contra las perturbaciones nerviosas. Si sigues los pasos de este método, todo funcionará mejor si liberas tu cerebro de esas sustancias que a veces producen más daño que beneficio y que pueden mantenerte en un estado de letargo. Pero hazlo de la manera correcta: Pídele a tu médico que reduzca gradualmente las dosis, hasta eliminar por completo la ingesta de fármacos. Nunca detengas repentinamente la administración de las pastillas ansiolíticas porque puedes sufrir síndrome de abstinencia. Esta limpieza es progresiva.

# CONCLUSIONES Y MENSAJE FINAL

Luego de recorrer el camino junto a nosotros, ya debes haberte dado cuenta de algo muy importante: has sido tú, y solamente tú, quien te ha salvado. Has sido tú quien te ha llevado a la salida del laberinto. El libro solamente ha sido una guía, pero el poder y el control todo el tiempo han estado allí, dentro de ti. Nosotros solo te dimos un empujón.

Estar consciente de eso es una revelación de toda la energía liberadora que llevas contigo. Y esta fuerza interior te ayudará a lo largo de toda tu vida.

Aprovecha esta oportunidad. Fíjate que el último paso del método es la "ocupación". Ocúpate de tu vida. La vida continúa, sin importar qué.

Pero ya cumplimos nuestro objetivo: ayudarte a quitarte de encima el temor y la amenaza bajo los que vivías hasta hace poco. Esa es la finalidad de este libro. Liberarte, al igual que lo hicimos nosotros.

Queremos que de ahora en adelante tengas una visión de la vida y una actitud más optimistas. Y que no decaigas si en algún momento sientes que flaqueas. Ya sabes que cuentas con los cuatro pasos que te liberan efectivamente de los temores. Sigue confiando en ti, más aún ahora que eres más fuerte que antes.

Recuerda que tu recuperación no consiste en eliminar esas sensaciones que tanto terror te infundían, sino que ahora esas sensaciones no representan ninguna amenaza para ti, por lo que vuelves a vivir la vida estén o no estén ahí.

Probablemente, cuando leas estas líneas te sientas un poco escéptico, quizás aún no estés completamente limpio de miedos, pero si continúas practicando como hasta ahora, todas esas sensaciones pasarán tan inadvertidas que finalmente se desvanecerán.

Te prometemos que cualquier día de estos despertarás con la sensación de que el manto de la ansiedad ya no te arropa como antes y que, con el paso del tiempo, dejará de cubrirte del todo y volverás a ser el mismo de antes, aunque eso sí, más fuerte.

Ahora tu arma más valiosa es la confianza en ti mismo. Confía en ti. Relee el libro cuantas veces lo necesites para atar cabos sueltos y comprender con más serenidad las ideas.

Utiliza el material complementario de este libro entrando en:

## www.alcanzatussuenos.com/ansiedad

Donde tendrás acceso a meditaciones, actualizaciones de este material y otros recursos para ayudarte a conseguir la paz mental que tanto deseas.

Ayudar a otros siempre es positivo. Si sabes de alguien que necesita de ayuda porque está sufriendo de ansiedad o ataques de pánico, puedes recomendarle este libro. Quizás compartir experiencias con este "colega" te haga sentir mejor y te llene de satisfacción saber que fuiste de utilidad para alguien que pasa por lo mismo que tú pasaste.

Y algo que no debes olvidar: el tiempo es el recurso más valioso. No lo desperdicies con la ansiedad.

¡Sé feliz y libre!

Por último, te agradecería mucho si pudieras dejar un comentario positivo sobre este libro en la plataforma donde lo adquiriste, ya que eso ayudará a que otras personas lo puedan recibir.

¡Gracias!

# Lectura Recomendada:

**Libros de autoayuda y superación personal:**

Cómo Vencer El Miedo.
*Autor: Elvis D Beuses*

No Puedo Dormir
*Autora: Ronna Browning*

Cómo Dejar de Fumar
*Autora: Yazmin de la Cruz*

Cómo Mejorar La Autoestima
*Autora: Manuela Escobar*

Cómo Superar Una Ruptura Amorosa
*Autora: Ronna Browning*

Cómo Desarrollar Confianza en Sí Mismo
*Autora:* Tisa Ledford

Cómo Cambiar Mi Vida
*Autora: Teresa Lundy*

**Libros para mejorar tus finanzas personales:**

Ni Un Jefe Más
*Autor: Gustavo Adolfo Avila*

7 Hábitos Inteligentes de Personas Que se Hicieron Millonarias
*Autor: Gustavo Adolfo Avila*

Cómo Salir de Deudas Si No tengo Dinero
*Autor: David Emmied*

Como Ahorrar Dinero
*Autor: Angel Miquel Pino*

Cómo Descubrir Ideas de Negocios Rentables
*Autor: Angel Miquel Pino*

Cómo Ganar Mucho Dinero Rápido Con Twitter
*Autor: Gustavo Adolfo Avila*

Secretos Poderosos para una Administración del Tiempo Efectiva
*Autora: Teresa Lundy*

Printed in Great Britain
by Amazon